名古屋の富士山すべり台

牛田吉幸 著
大竹敏之 編集

風媒社

「公園の遊具にはすべて作者がいる」

この事実にお気づきだろうか。

否、遊具に限ったことではない。なべて人のつくるものには作者がいる。

「あたりまえではないか」と思われるかもしれない。

しかしよほど意識を向けなければ、そのことにすら気づくのは難しい。

「公園の遊具にはすべて作者がいる」

それは原型を設計する人ばかりではない。

現場で施工する人、都市計画を立てる人、さらには予算のもととなる多くの納税者。

そのような名前さえ残らない人々の手によって遊具はつくられる。

公園の遊具は決してものを言わぬ。

そしてその作者も遊具について何かを語ることはない。

ただ人々の娯楽や休息に供せられることで、すべての仕事はひっそりと完結する。

名古屋の町には富士山の形をしたすべり台遊具がある。
いつからか自然に町に溶け込んでいたので、誰も言及することはなかった。
あまりにはっきりと見えていたために、誰も見ていなかったのだ。
われわれは気づいていただろうか？
これら富士山の遊具のことを。
これらを手掛けた無名の作者たちのことを。
遊具をめぐって熱い想いを交わした、人々の歴史を。
公園の遊具は一握りの天才による達成ではない。
無名の人々による集成なのだ。

昭和橋公園（名古屋市中川区）

笠寺公園（名古屋市南区）

吹上公園（児童遊園具）

ゾウ　キリン　及び砂場　　　　砂場

変形ラダー　プレイマウント
グローブジャングル　プレイデッキ

変形ラダー　プレイマウント
ゾウ　大ブタ　小ブタ　キリン　グローブジャングル

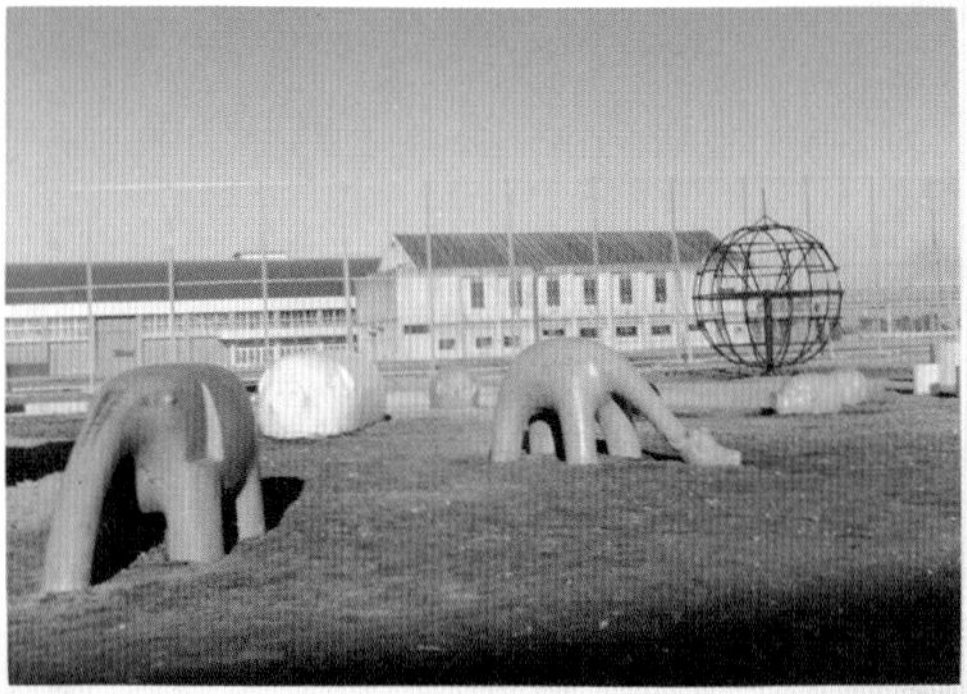

名古屋植木（株）・堀田和裕さん（インタビュー134ページ）が撮影した吹上公園（名古屋市昭和区）の竣工当時の写真

昭和41年 富士山すべり台誕生

富士山すべり台第一号［吹上公園］竣工当時のようす

プレイマウント

チエンネット
ジャングル

プレイマウント
変形ラダー

プレイデッキ

プレイマウント

四連ブランコ

吹上公園（名古屋市昭和区・千種区）は、100m道路の若宮大通延伸のために移転した旧名古屋刑務所の跡地に建設された。昭和41（1966）年9月、同地に吹上ホールが完成した後に、続けて児童公園の工事に着手、同年冬には遊具一式が完成した。まだ造成中の公園予定地に初めてつくられた富士山すべり台が、航空写真には鮮明に記録されている。

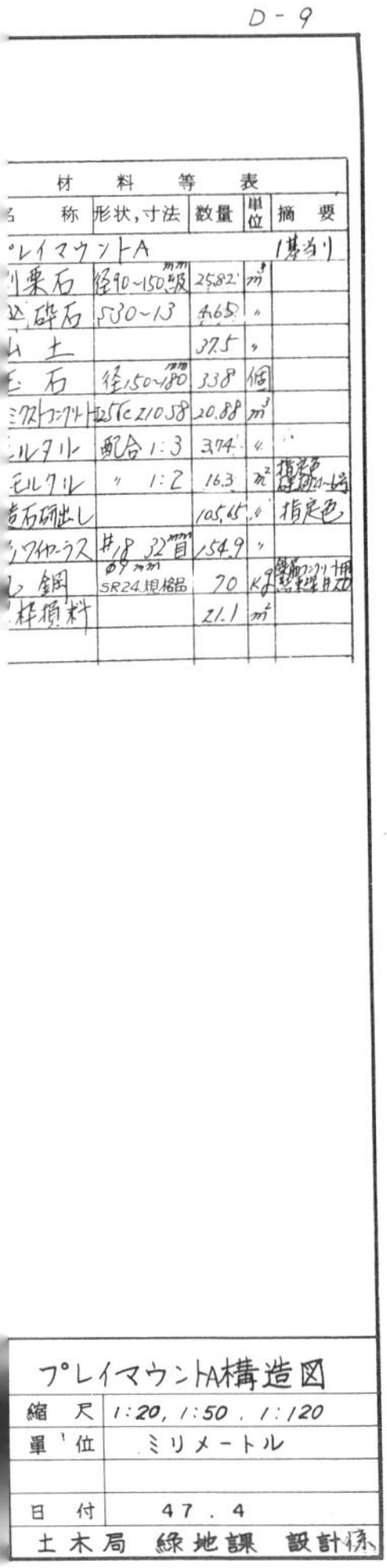
D-9

材料等表

名称	形状,寸法	数量	単位	摘要
°レイマウントA				1基当り
リ栗石	径90~150mm級	25.82	m³	
込砕石	S30~13	4.65	〃	
ム土		37.5	〃	
石	径150~180mm	338	個	
ミクストコンクリート	[illegible]	20.88	m³	
モルタル	配合1:3	3.74	〃	
モルタル	〃 1:2	16.3	m²	[illegible]
岩石研出し		105.65	〃	指定色
ワイヤーラス	#18 32mm目	154.9	〃	
鋼	φ9mm SR24.規格品	70	kg	[illegible]
枠損料		21.1	m²	

プレイマウントA構造図

縮尺	1:20, 1:50, 1:120
単位	ミリメートル
日付	47.4

土木局 緑地課 設計係

名古屋の富士山すべり台第一号は吹上公園（写真中央）。昭和42年1月撮影の航空写真。名古屋市都市計画情報提供サービス　NA_19670125_C06_0_09_5216_600　から一部加工　1967.01.25

中身はどうなっているの？

富士山すべり台の中身は、ほとんど山土で満たされている。山土を富士山型に突き固めた後で、割栗石を敷き詰め、ワイヤーラスで覆い、コンクリート、モルタル、色モルタルの順に塗り、最後に人造石研ぎ出し仕上げでツルツルにする。工場で生産して運んでくるのではなく、その場で職人がつくり上げているのだ。

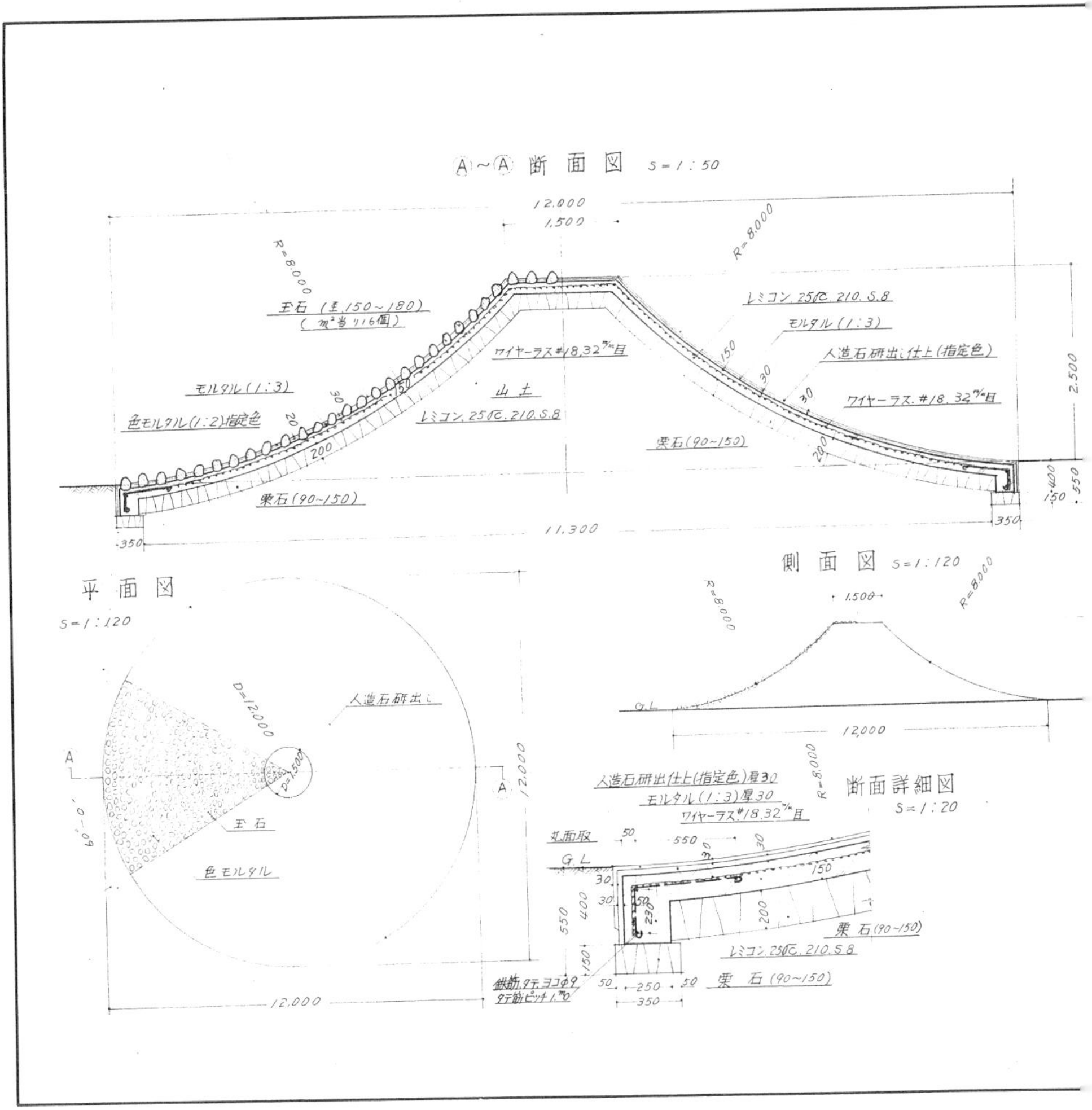

プレイマウントA構造図（提供　名古屋市緑政土木局）

名古屋の富士山すべり台◎目次

富士山すべり台とはなにか

私が富士山すべり台に気づいたのは20年ほど前のこと。当時は写真を撮っては小さなギャラリーで発表をしていたのですが、なにかいいネタはないかと名古屋の町をさまよっているときに、中村区の公園でひときわ目立つ富士山型の遊具に着目したのがきっかけでした。それまでもなんとなく知ってはいたけど、よく見てはいなかった遊具。それは周辺の公園でもほどなく見つかり、それがどれも色や形が少しずつ違うことに気がついて、これは面白い！とひらめいたのです。

「同じ構図で写真を撮ってたくさん並べたら面白いんじゃないか」そう思って富士山すべり台を探しては写真をコレクションし始めたのが、この世界への入り口でした。

「富士山すべり台」というのは私の造語です。名古屋市を中心に東海三県に分布している富士山型のコンクリート遊具を指してそう呼びました。実際には子どもたちによって「ふじさん」とか「ふじやま」とか、公園全体を指して「ふじさん公園」などと、それぞれのローカルネームで呼ばれています。

この富士山すべり台、もともとは名古屋市役所の「プレイマウント」が発祥です。名古屋市では昭和40年（１９６５年）前後に、都市部の人口の急増と、土地区画整理事業による公園の新設数の増加に対応するため、あらかじめ共通の図面を作成して、同じ形の遊具を各公園に設置することにしました。そのときに「石

の山」「クライミングスライダー」「プレイマウント」という三種類のコンクリート製築山遊具の図面を用意して、公園に建設していったのです。

この三つの遊具の中でとりわけ子どもに大人気だったのが「プレイマウント」でした。

名古屋市では昭和41年度に吹上公園に第一号がつくられてから１００基以上を建造、その多くが現在も残る息の長い遊具となったのです。

この富士山すべり台は名古屋市郊外の町にも波及します。名古屋市から遅れて二年後の昭和43年度には愛知県東海市の富田公園にプレイマウントにそっくりな、登り面にハシゴを追加したタイプが建造されます。その後もプレイマウントをアレンジしたタイプが各地でつくられたほか、愛知県春日井市では独自図面の富士山すべり台が普及、また最近では平成30年度に愛知県半田市で過去最大の富士山すべり台が完成しています。

このように、名古屋発祥で独特の進化を遂げている富士山すべり台。第一号から50年以上たって、すでに地域に溶け込んだ文化と呼んでもいいでしょう。これからそのひとつひとつについて詳細に見ていきたいと思います。

富士山すべり台図鑑

名古屋市内

名古屋市外

【図鑑の見方】

ここでは現存する全ての富士山すべり台を紹介しています。名古屋市内は都心から始まって左回りで各区を巡り名古屋駅がゴール。名古屋市外もおおかた回りやすい順で、近くにある富士山すべり台どうしが並ぶように配列しました。

[解説]
全ての富士山すべり台に登頂したうえで、それぞれの特徴について深く掘り下げました。

[写真]
登り面、すべり面、山頂のようすなど、富士山すべり台の魅力を余すところなく掲載。

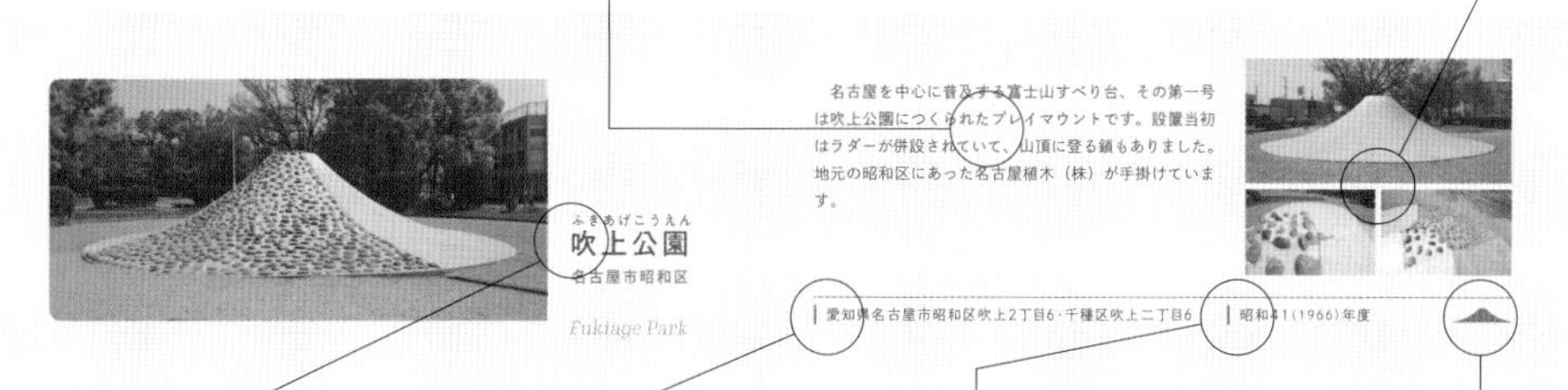

[所在地]

[形と直径]
「プレイマウント」タイプかそうでないか、直径が何mかを表示しています。直径は実測値ではなくグーグルマップの衛星写真から計測しています。

[公園名・団地名]
富士山すべり台が設置されている公園や団地の名前を紹介。

[設置年度]
各種資料や過去の航空写真から建設時期を推定。1～2年程度の誤差があります。

プレイマウントA？B？

名古屋市が設置した富士山すべり台はすべて「プレイマウント」です。大小2種類が広く普及しました。

プレイマウントA…… 直径12 m、高さ2.5 m
プレイマウントB…… 直径8 m、高さ1.7 m
※実際につくられたものは個体差が大きくサイズも少しずつ違います。

名古屋市周辺では
プレイマウント 直径○○m ……「プレイマウント」の図面が名古屋市外に広まることで生まれた新形態。そこでしか見られない一点物です。

その他 …… プレイマウントとは違うタイプの富士山すべり台も、名古屋市周辺に分布しています。

[図鑑中のアイコン]
プレイマウント A 直径12m
プレイマウント B 直径8m
プレイマウント その他のサイズ 直径○○m

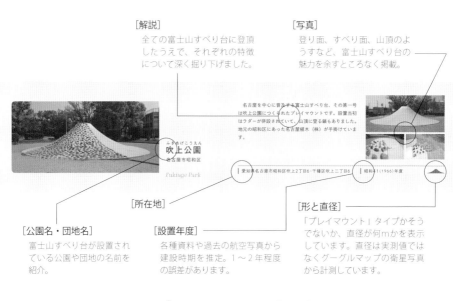

名古屋を中心に普及する富士山すべり台、その第一号は吹上公園につくられたプレイマウントです。設置当初はラダー（雲梯）が併設されていて、山頂に登る鎖もありました。地元の昭和区にあった名古屋植木（株）が手掛けています。

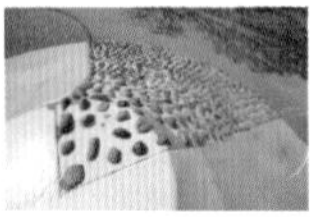

愛知県名古屋市昭和区吹上二丁目6・千種区吹上二丁目6　昭和41(1966)年度

各種メディアやSNSが取り上げて、もっともよく知られた富士山すべり台。本体を観察すると『寄贈　日本中央競馬会　中京競馬場』のプレートが埋め込まれています。昭和44年に近隣の名古屋場外発売所が矢場町から尾頭橋へと移転したことに関連して、いわば置き土産として寄贈された遊具のようです。

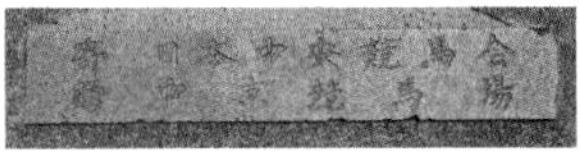

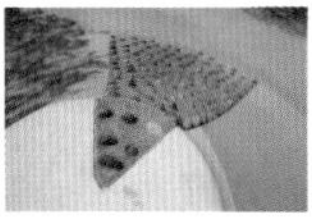

愛知県名古屋市中区大須三丁目3　昭和45(1970)年度

旅行などで遠方から富士山すべり台を訪れるならここが便利。金山駅から北へ徒歩10分、大通りから外れた静かな公園です。ピンク色に白い冠雪がとても鮮やか。メ～テレの本社が近いのでドラマのロケ地としての実績もあります。

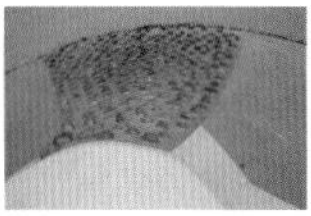

愛知県名古屋市中区平和一丁目17　昭和44(1969)年度

吹上公園のプレイマウントができた翌年につくられた最初期のもので、中区では初めてのプレイマウントです。紅白の塗り分けが他にはない大きな特徴。長年にわたり子どもたちによって磨かれた玉石がつやつやしてます。

愛知県名古屋市中区松原三丁目8　昭和42(1967)年度

001

吹上公園《ふきあげこうえん》

名古屋市昭和区

Fukiage Park

002

裏門前公園《うらもんぜんこうえん》

名古屋市中区

Uramonzen Park

003

葉場公園《はばこうえん》

名古屋市中区

Haba Park

004

松原公園《まつばらこうえん》

名古屋市中区

Matsubara Park

都心のオフィス街にある富士山すべり台。サラリーマンがふらりと弁当を食べにくるような公園ですが、近隣の子どもたちにとっても貴重な遊び場です。表面のピンクが色あせて見えるのは樹液で汚れやすい場所にあるからでしょうか。裏門前公園と同じく昭和45年頃につくられています。

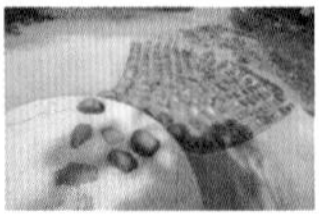

愛知県名古屋市中区栄一丁目27　昭和45(1970)年度

明治34年に開園した歴史ある公園。豊国神社や名古屋競輪場とも接しており、ラジオ塔など戦前の面影もところどころに残しています。このプレイマウントは西園と呼ばれる児童遊園にあるもので、職人がフリーハンドでつくったようないびつな形が特徴。山頂付近の急斜面とかメチャクチャです。

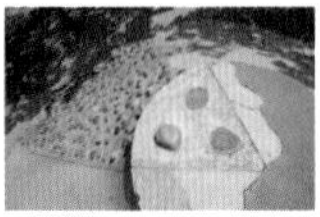

愛知県名古屋市中村区東宿町一丁目　昭和45(1970)年度

名古屋でいちばん映える富士山すべり台が稲葉地公園です。背景に写る建物は通称アクテノンといい、給水塔→図書館→演劇練習場と転身を重ねて現在は土木学会選奨土木遺産。そして手前のプレイマウントは色つやも鮮やかで、補修痕も金継ぎみたいな味があります。

愛知県名古屋市中村区稲葉地町一丁目　昭和49(1974)年度

コンパクトな中にさまざまな住棟を並べた味のある団地、V字型ツインコリダーと呼ばれる珍しい建物もあります。小さな児童遊園にある小さな富士山は昭和51年建造。子どもたちの姿もなくひっそりと佇んでいます。

名古屋市都市計画情報提供サービス　NA_19780503_C07_0_00_9427_600
から一部使用　1978.05.03

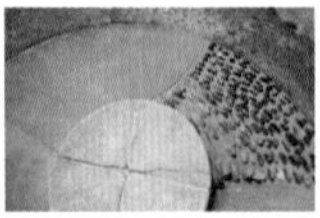

愛知県名古屋市中村区荒輪井町二丁目　昭和51(1976)年度

005

仲ノ町公園《なかのまちこうえん》

名古屋市中区

Nakanomachi Park

006

中村公園《なかむらこうえん》

名古屋市中村区

Nakamura Park

007

稲葉地公園《いなばじこうえん》

名古屋市中村区

Inabaji Park

008

荒輪井荘《あらわいそう》

名古屋市中村区

Arawai-sō

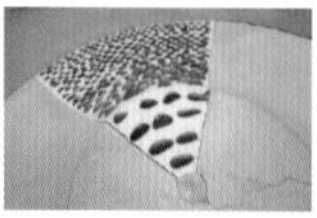

このあたり町名は「かもつきちょう」ですが、公園名は「かもつけこうえん」といった具合で読み方はバラバラ。どちらでも通じます。

こちらのプレイマウントは白く美しい登り面が印象的。玉石も整然と並んでおり、几帳面な仕事ぶりが気持ちいいです。

愛知県名古屋市中村区鴨付町二丁目　昭和51(1976)年度

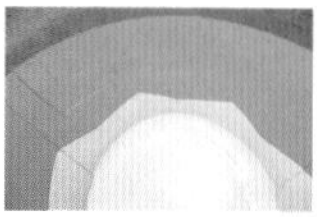

2019年、長寿命化に向けた試験的な補修で大変身。古い遊具の表面をクッション性のある素材でコーティングし、厚みを数種類比較したうえで最も適切な補修方法を調べています。実際に遊んでみたところ、柔らかさが新鮮な反面、すべり心地は今ひとつ、でした。

2018年撮影。補修直前の姿

愛知県名古屋市中村区二瀬町　昭和51(1976)年度

昭和46年製でありながら傷みが少なく美しい姿をしています。補修も丁寧で、玉石の周りをコンクリートでドーナツ状に盛る補強のしかたは一見の価値あり。玉石があたかも日本庭園の庭石のように見えてくる、そんな職人の手わざが光ります。

補修痕をじっくり見てみよう

愛知県名古屋市中村区並木一丁目　昭和46(1971)年度

近鉄烏森駅から200mくらい北西にあります。隣の八幡社とあわせて緑豊かで清潔感のある空間が保たれています。シュッとした細身のシルエットが特徴。高さ2.5mある山頂付近が結構な急勾配になっていて、登頂は恐怖感との闘いです。

愛知県名古屋市中村区烏森町二丁目　昭和46(1971)年度

プレイマウント A 直径12m　プレイマウント B 直径8m

009

鴨付公園《かもつけこうえん》

名古屋市中村区

Kamotsuke Park

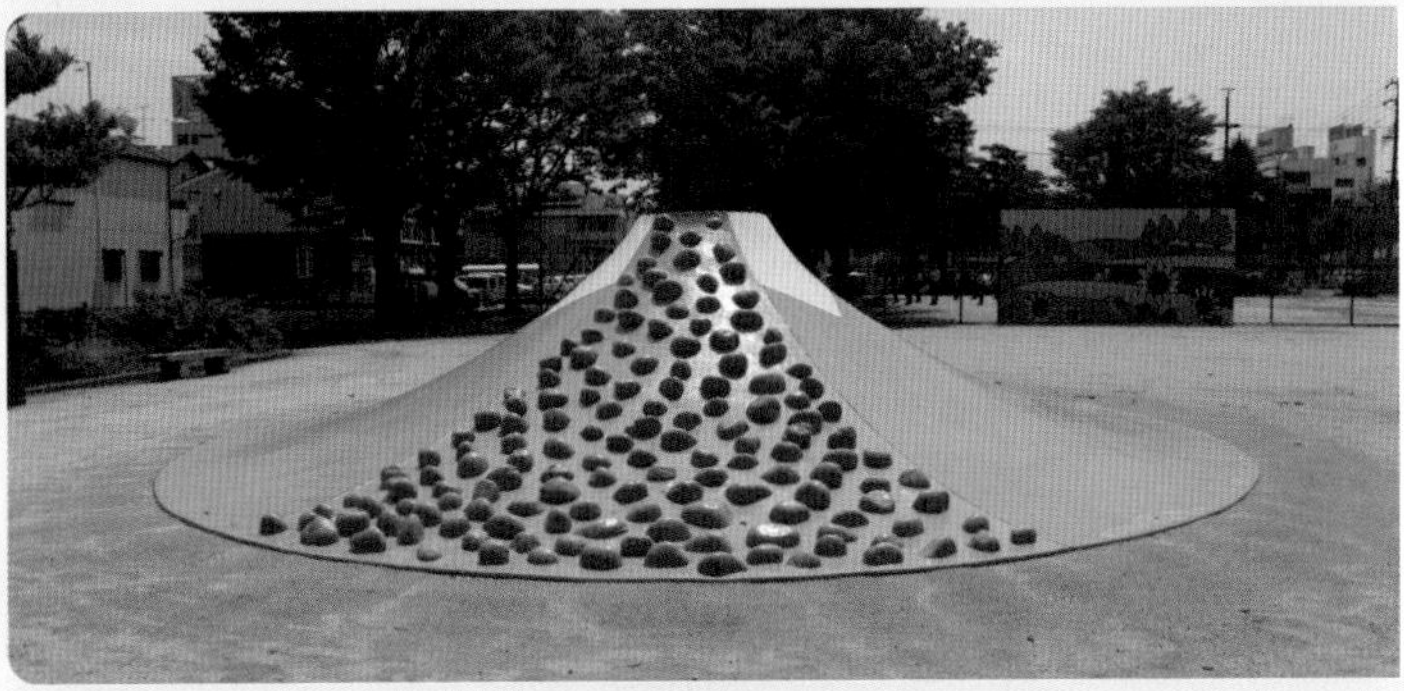

010

二瀬公園《ふたせこうえん》

名古屋市中村区

Futase Park

011

並木第一公園《なみきだいいちこうえん》

名古屋市中村区

Namiki-daiichi Par

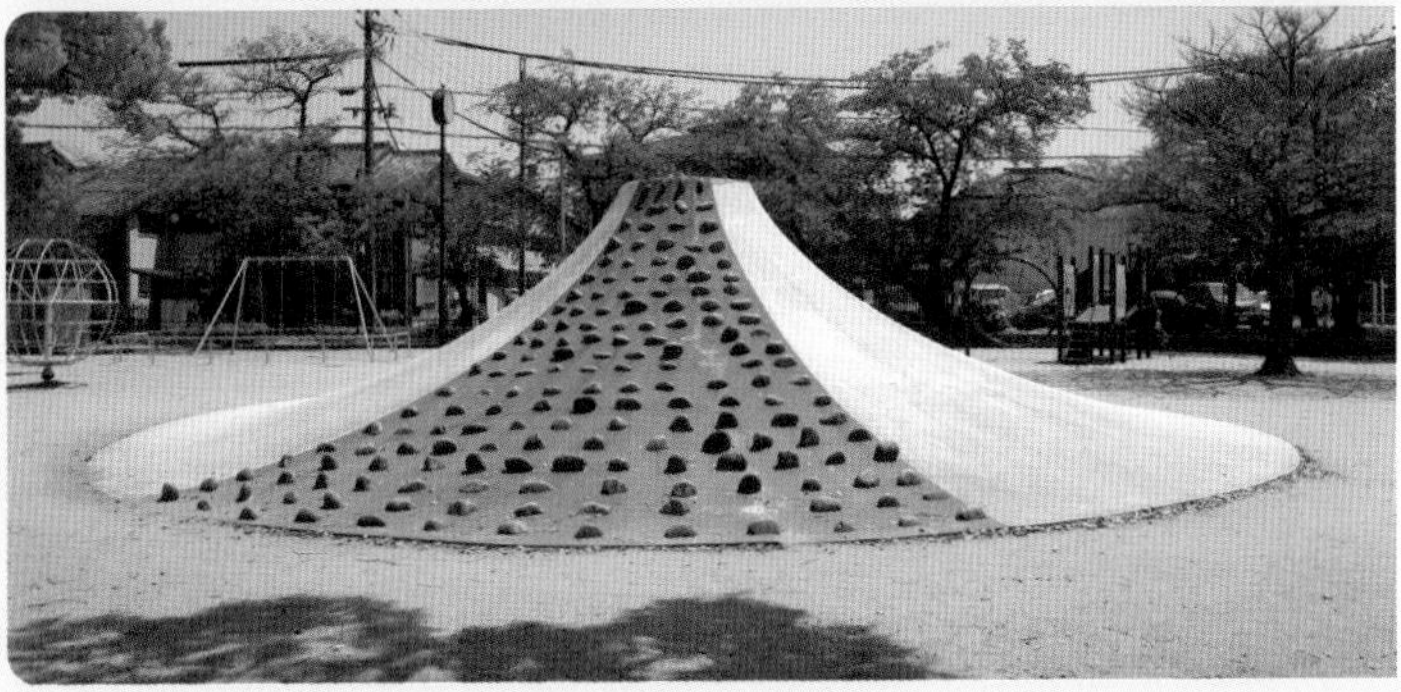

012

柳公園《やなぎこうえん》

名古屋市中村区

Yanagi Park

公園の富士山
観察ポイント
1

玉石

裏富士百景

味わいさまざま、登り心地もさまざま。

Fujisan Suberidai

小さな玉石、大人が登るには怖いですね。
小菅波公園（石川県加賀市）

一つ一つの石の表情に注目。
船入公園（名古屋市中川区）

こちらは規則正しく突き立った玉石。
和合ヶ丘中央公園（愛知県愛知郡東郷町）

ゴツゴツした岩のような石を
敷き詰めた富士山すべり台。
坊主山公園（名古屋市緑区）

小粒の玉石で、これも難易度高し。
屋下公園（名古屋市天白区）

武装しているみたいな無数
の玉石。
上八田住宅児童遊園（愛知県
春日井市）

残った玉石より取れてしまった
ほうが多いかな。
本地荘（名古屋市守山区）

横長に埋めこむタイプ。
前浪荘（名古屋市東区）

昭和の初めまでは松並木の続く景勝地として知られ、現在では桜の名所となったのがここ横井山緑地です。こちらの公園中央に鎮座する大きな富士山、麓には大きな玉石を、中腹には小さな玉石を配置することで遠近感を強調し、雄大さを演出しています。

愛知県名古屋市中村区横井一丁目　　昭和51（1976）年度

国土地理院　地図・空中写真閲覧サービス　CCB873-C2-24より一部使用　1987.10.18

横井山緑地から庄内川を越えた対岸にある郷内公園です。水色に冠雪模様だったのが色褪せてほぼ真っ白な富士山になりました。国土地理院の空中写真では建造中らしき姿が見えます。

愛知県名古屋市中川区万場三丁目　　昭和62（1987）年度

これが名古屋市では最も西にあるプレイマウント。最寄り駅は関西本線の春田駅です。電車からも見えるかな？濃いめのピンク色が特徴。周囲は町工場に囲まれています。

愛知県名古屋市中川区東春田一丁目　　昭和57（1982）年度

松若公園とは同期生です。以前は水色に冠雪だったのがすっかり色落ちしています。そして昔はここから近鉄電車がよく見えたなぁ……。今では県道29号線の開通でロードサイド店舗が増えて風景が一変しました。

愛知県名古屋市中川区供米田一丁目　　昭和57（1982）年度

013

横井山緑地《よこいやまりょくち》

名古屋市中村区

Yokoiyama Green

014

郷内公園《ごううちこうえん》

名古屋市中川区

Gouchi Park

015

松若公園《まつわかこうえん》

名古屋市中川区

Matsuwaka Park

016

外浦公園《そとうらこうえん》

名古屋市中川区

Sotoura Park

庄内川沿いの農地に囲まれた木藪公園。白と黄色の配色がとっても個性的な富士山です。それほど古くなく状態も良いので、長く残るといいなあと思います。

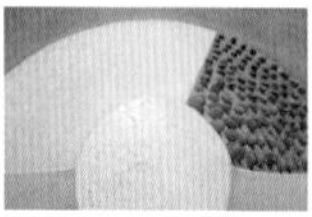

愛知県名古屋市中川区大当郎一丁目　昭和61(1986)年度

近鉄八田駅の近くにあります。もともとどんな色だったのでしょうか、珍しいあずき色の富士山。冠雪の不規則なギザギザにもセンスを感じるところ。秀麗なデザインです。

愛知県名古屋市中川区柳森町　昭和49(1974)年度

プレイマウントBとしては最初期のもの。今では白く見えるものの、よく見るとかつては水色だったことが分かります。もともと青かった富士山が退色して白くなったケースは意外とありそう。

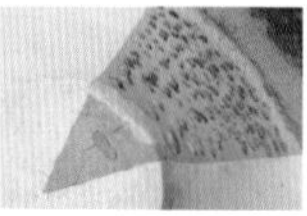

愛知県名古屋市中川区吉良町　昭和47(1972)年度

吉良第二公園と対をなす荒子公園のプレイマウントも水色の富士山。両公園ともに名古屋市電下之一色線が昭和44年に廃止された後、線路用地に面して建設されました。

2000年撮影。以前はもっと濃い水色だった

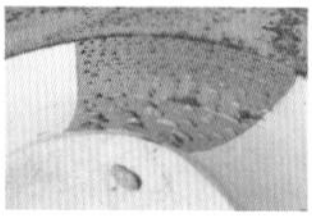

愛知県名古屋市中川区荒子二丁目　昭和47(1972)年度

プレイマウント A 直径12m　プレイマウント B 直径8m

017

木藪公園《きやぶこうえん》

名古屋市中川区

Kiyabu Park

018

柳森公園《やなぎもりこうえん》

名古屋市中川区

Yanagimori Park

019

吉良第二公園《きらだいにこうえん》

名古屋市中川区

Kira-daini Park

020

荒子公園《あらここうえん》

名古屋市中川区

Arako Park

白、グレー、ピンクの三色旗のような配色、とても丁寧な仕上がりです。雪景色の富士山に梅や桜が咲いたような晴れやかな雰囲気が気持ちいいです。

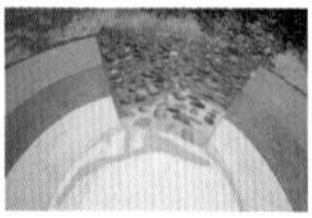

愛知県名古屋市中川区荒子五丁目 | 昭和51(1976)年度

船入公園とはご近所＆同期の丸池公園。現在では白く見えますが、船入公園のような三層の色モルタルの質感の違いが確認できます。かつてはカラフルだったのではないか、と推測しますがいかがでしょう？

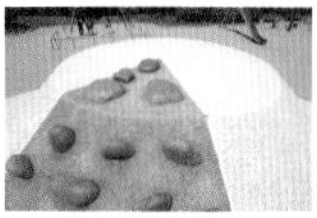
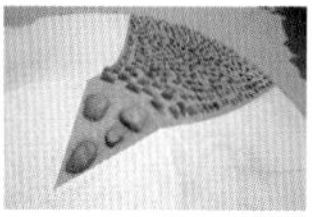

愛知県名古屋市中川区中花町 | 昭和52(1977)年度

山頂の玉石の処理に特徴がありますね。登り面の玉石が山頂中央の一つの石に向かって収束している、そのために選ばれた黒くてカッコいい石。あるいはこれを噴火口の溶岩ドームに見立てるか。この石あってのデザイン。

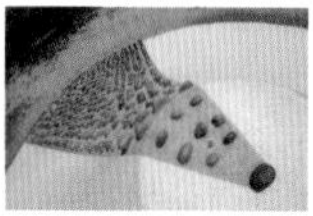

愛知県名古屋市中川区中島新町二丁目 | 昭和54(1979)年度

以前は新幹線からも見えたのですが、防音壁が高くなってから気づきにくくなってしまいました。水色の山体に白い冠雪のいかにも富士山らしい姿。製造は内田工業(株)。2017年に併設のラダー（雲梯）が撤去されています。

2017年撮影。ラダーが併設されていた頃

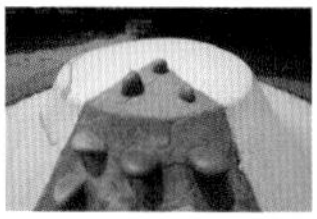
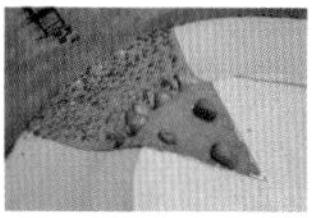

愛知県名古屋市中川区荒越町三丁目 | 昭和46(1971)年度

021

船入公園《ふないりこうえん》

名古屋市中川区

Funairi Park

022

丸池公園《まるいけこうえん》

名古屋市中川区

Maruike Park

023

中島中央公園《なかしまちゅうおうこうえ》

名古屋市中川区

Nakashima-chuo P

024

荒越公園《あらこしこうえん》

名古屋市中川区

Arakoshi Park

昭和48年の航空写真に初出で、ここも以前はラダー併設だったようです。荒越公園から１年遅れてつくられており、山の形や冠雪のデザインなどに共通点が見出されるため、こちらも内田工業（株）が手掛けたもの、と推測しています。背景に桜がきれいに映えるので春におすすめ。

愛知県名古屋市中川区十一番町三丁目　昭和47(1972)年度

こちらは白かった山が塗装で青く変身、名古屋市港区の丸池荘です。駐車場が外周に確保されているので、広々とした児童遊園。昭和56年入居開始当時からの遊具群には名古屋市唯一のイカすべり台もあります。

2002年撮影。かつては真っ白な富士山

愛知県名古屋市港区丸池町一丁目　昭和56(1981)年度

吹上公園に次いで2番目につくられたもので、昭和42年10月の航空写真が初出。ピンクの山肌に青い登り面、玉石が上に登るほど小さいので山の高さがより強調されています。ちなみに「土古」は「どんこ」と読まれることが多いものの「どんご」が正式な地名。

愛知県名古屋市港区東土古町二丁目　昭和42(1967)年度

よく手入れされた緑の広場に、大きなグレーのプレイマウントが風景に溶け込んでいます。もともと本宮公園には昭和40年頃から石の山が置かれていたのですが、昭和52年頃の造園工事に伴って石の山を撤去、代わりにこのプレイマウントがつくられています。

愛知県名古屋市港区本宮新町　昭和52(1977)年度

025

昭和橋公園《しょうわばしこうえん》

名古屋市中川区

Showabashi Park

026

丸池荘《まるいけそう》

名古屋市港区

Maruike-sō

027

土古公園《どんごこうえん》

名古屋市港区

Dongo Park

028

本宮公園《ほんぐうこうえん》

名古屋市港区

Hongu Park

公園の富士山

観察ポイント 2

団地とともに

住宅街の富士を愛でる

日常の暮らしの中に溶けこむ富士山すべり台。

Fujisan Suberidai

桜の季節。給水塔をバックに。
本地荘（名古屋市守山区）

集合住宅の真ん中に着地したUFOのようでもある。
丸池荘（名古屋市港区）

団地のデザインに合わせ富士山すべり台も変わっていく。
県営東浦住宅（愛知県知多郡東浦町）

団地の真ん中に要石のようにどっしり。
福徳荘（名古屋市北区）

市営住宅の建て替えにあわせてつくられたプレイマウント。小型ながら裾野の広がり感が雄大で存在感があります。あおなみ線の東側の車窓からよく見えます。

あおなみ線の車窓からもバッチリ!

愛知県名古屋市港区泰明町三丁目　昭和59(1984)年度

薄紫色に冠雪という富士山らしい配色。登り面の幅の狭さが特徴で、通常の半分ほどしかありません。ひょっとして玉石が必要な数だけ用意できなかったから？と思ったりもします。

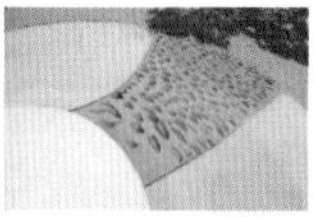

愛知県名古屋市港区小碓四丁目　昭和49(1974)年度

小碓中央公園とはご近所なので、似ているかなぁ～と思うと微妙ですね。登り面と滑り面の境界が簡素なのは共通していますが、玉石の並びはこちら几帳面すぎるくらいに横一線です。

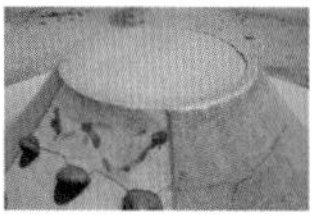

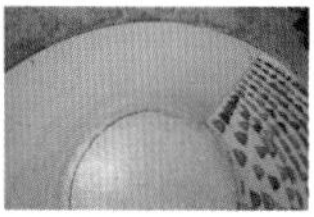

愛知県名古屋市港区善南町　昭和50(1975)年度

造成工事の様子が航空写真に残っているので昭和57年製造が確定、ときっぱりと言い切ります。小型のプレイマウントBの見本みたいな形で、図面通りと言ってもいいでしょう。登り面はかつて赤色だった模様。

国土地理院　地図･空中写真閲覧サービス　CCB822-C19A-27より一部使用　1982.11.27

愛知県名古屋市港区宝神五丁目　昭和57(1982)年度

プレイマウント A 直径12m　プレイマウント B 直径8m

029

泰明南荘《たいめいみなみそう》

名古屋市港区

Taimeiminami-sō

030

小碓中央公園《おうすちゅうおうこうえん》

名古屋市港区

Ousu-chuo Park

031

善南公園《ぜんなんこうえん》

名古屋市港区

Zennan Park

032

宝神中央公園《ほうじんちゅうおうこうえ》

名古屋市港区

Hojin-chuo Park

ずんぐりした不思議な形、しかも直径9mという大型でも小型でもないサイズ。なぜだろうと考えたのですが「裾野の部分の多くは土に埋もれているのでは？玉石も地中から出てるし」という結論に至りました。掘ってみたい。

愛知県名古屋市港区十一屋三丁目　　昭和48（1973）年度

こちらは西稲永荘、読み方は「にしいなえいそう」です。名古屋市役所に問い合わせたところ、市営住宅の「稲永」はどれも「いなえい」と読むとか。色分けが近くの稲永東公園に似ているものの、つくられたのは6年ほど遅い昭和54年のことです。

愛知県名古屋市港区稲永五丁目6　　昭和54（1979）年度

こちらの稲永東公園、読み方は「いなえひがし」です。全体が白くて山頂付近のみグレー、という独特の色分けが特徴。緑の芝生にきれいに映える、とても美しい富士山すべり台です。

愛知県名古屋市港区稲永三丁目10　　昭和48（1973）年度

山頂付近でひとつだけ横にはみ出した玉石があるのは遊び心？ それとも登りやすさへの配慮かしら。周辺は懐かしい雰囲気のある港の倉庫街なので、散策に撮影にと面白いところ。地下鉄築地口駅から徒歩10分ほどです。

愛知県名古屋市港区港陽二丁目4　　昭和44（1969）年度

プレイマウント A 直径12m　プレイマウント B 直径8m

033

十一屋第二公《じゅういちやだいにこうえ》

名古屋市港区

Juichiya-daini Par

034

西稲永荘《にしいなえいそう》

名古屋市港区

Nishiinaei-sō

035

稲永東公園《いなえひがしこうえん》

名古屋市港区

Inaehigashi Park

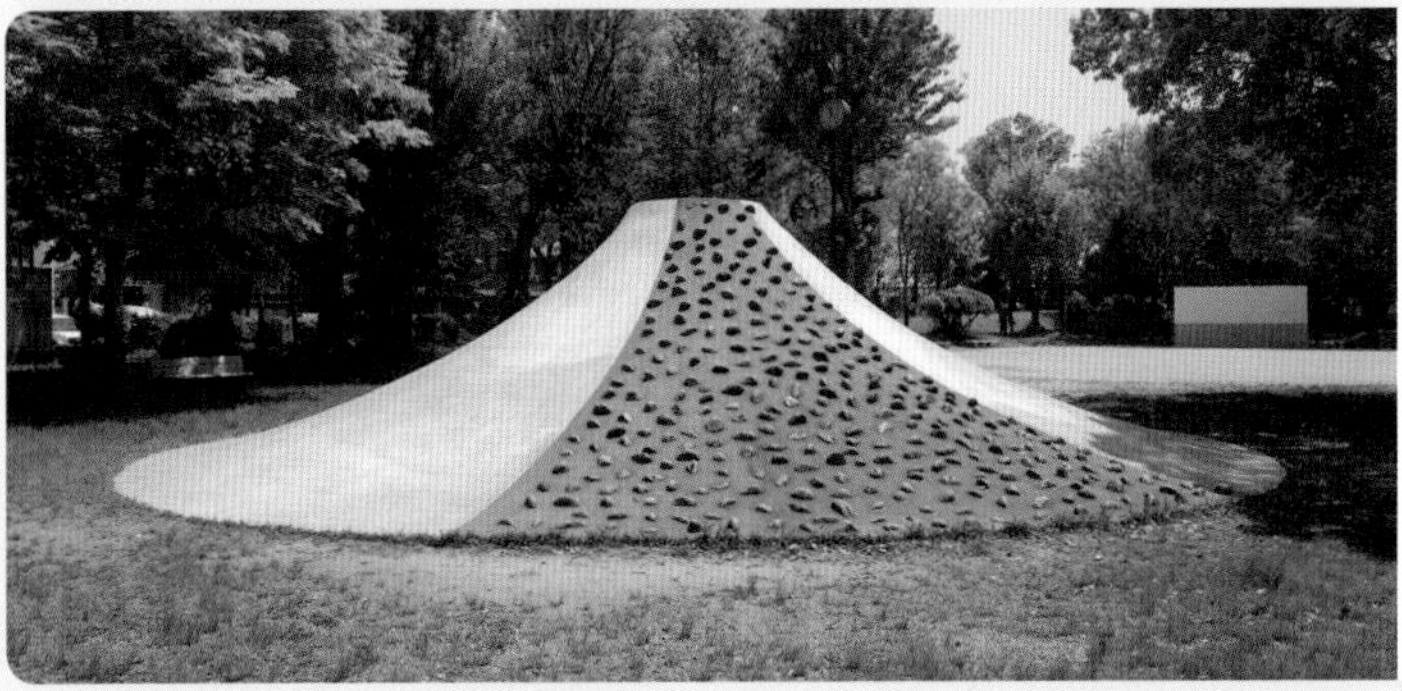

036

港陽公園《こうようこうえん》

名古屋市港区

Koyo Park

空中写真の真ん中に見える突起状のものはまだ完成前の姿でしょうか。昭和53年製。色は黄色でもありピンクでもある、としか言いようがない色褪せた中間色です。

国土地理院　地図·空中写真閲覧サービス　CB785-C7-1　から一部使用　1978.05.22

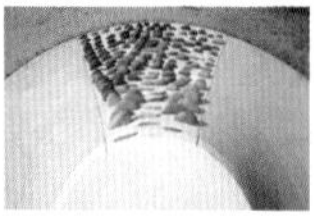

| 愛知県名古屋市熱田区二番二丁目25　　| 昭和53(1978)年度

これを設計した名古屋市役所の横地さんは登山がお好きな方で、「縦走の楽しみを遊具で表現したい」とこの形になったようです。モデルは穂高の吊尾根だとか。真横から見た姿が上高地の風景に見えてきませんか？昭和56年頃の設置。

| 愛知県名古屋市熱田区木之免町　　| 昭和56(1981)年度　その他のプレイマウント

泰明南荘と同型で色違いなのがここ、内田橋南第二公園。名鉄常滑線連続立体化の後に整備された公園です。登り面が青や黄色でペンキ塗装されているのは南区に独特な補修方法。おかげで富士山も華やかに見えます。

| 愛知県名古屋市南区内田橋二丁目38　　| 昭和61(1986)年

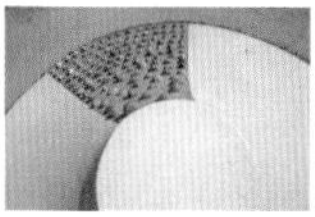

こちら大生公園のプレイマウントは内田工業（株）が手掛けたもの。平成に入ってからの建造で、とても良い状態を保っています。玉石の並びなどシンプルで美しいです。

| 愛知県名古屋市南区東又兵ヱ町一丁目　　| 平成2(1990)年度

037

二番荘《にばんそう》

名古屋市熱田区

Niban-sō

038

大瀬子公園《おおせここうえん》

名古屋市熱田区

Oseko Park

039

内田橋南第二公《うちだばしみなみだいにこう》

名古屋市南区

Uchidabashiminami
-daini Park

040

大生公園《たいせいこうえん》

名古屋市南区

Taisei Park

名鉄常滑線からもよく見える宝生公園。プレイマウントはずいぶんボロボロになったものの、手厚い補修で延命させています。このあたり大江川沿いは水袋公園や元塩公園にも大型のプレイマウントがあり、比べて楽しむことができます。

※令和2（2020）年度に撤去されました

| 愛知県名古屋市南区宝生町三丁目 | 昭和44(1969)年度

パンチの効いたピンク色です。山頂付近の丸みを帯びた造形が素晴らしい。これがつくられた当時は団地の建設ラッシュなどで腕のいい左官職人がたくさんいました。その時代の面影を伝える逸品。玉石の欠落が少ないことも堅牢さの証明になっています。

| 愛知県名古屋市南区神松町三丁目 | 昭和50(1975)年度

なぜか南の方向に裾野が長く広がっている、非対称形のカッコいい富士山すべり台です。赤白模様に塗られた玉石は集合体恐怖症には直視できないかも。そしてひとつだけ黄色の玉石がある不思議。アクセントで塗られたのか、誰かのいたずらなのか謎です。

| 愛知県名古屋市南区元塩町三丁目 | 昭和43(1968)年度

一見無塗装のコンクリートに見えるこの富士山、よく見れば白、黄、青のカラフルな三色だったことが分かります。そしてひび割れの補修痕がさながら雷光のよう。渋いなぁ。

| 愛知県名古屋市南区上浜町 | 昭和52(1977)年度

041

宝生公園《ほうしょうこうえん》

名古屋市南区

Hosho Park

042

水袋公園《みずぶくろこうえん》

名古屋市南区

Mizubukuro Park

043

元塩公園《もとしおこうえん》

名古屋市南区

Motoshio Park

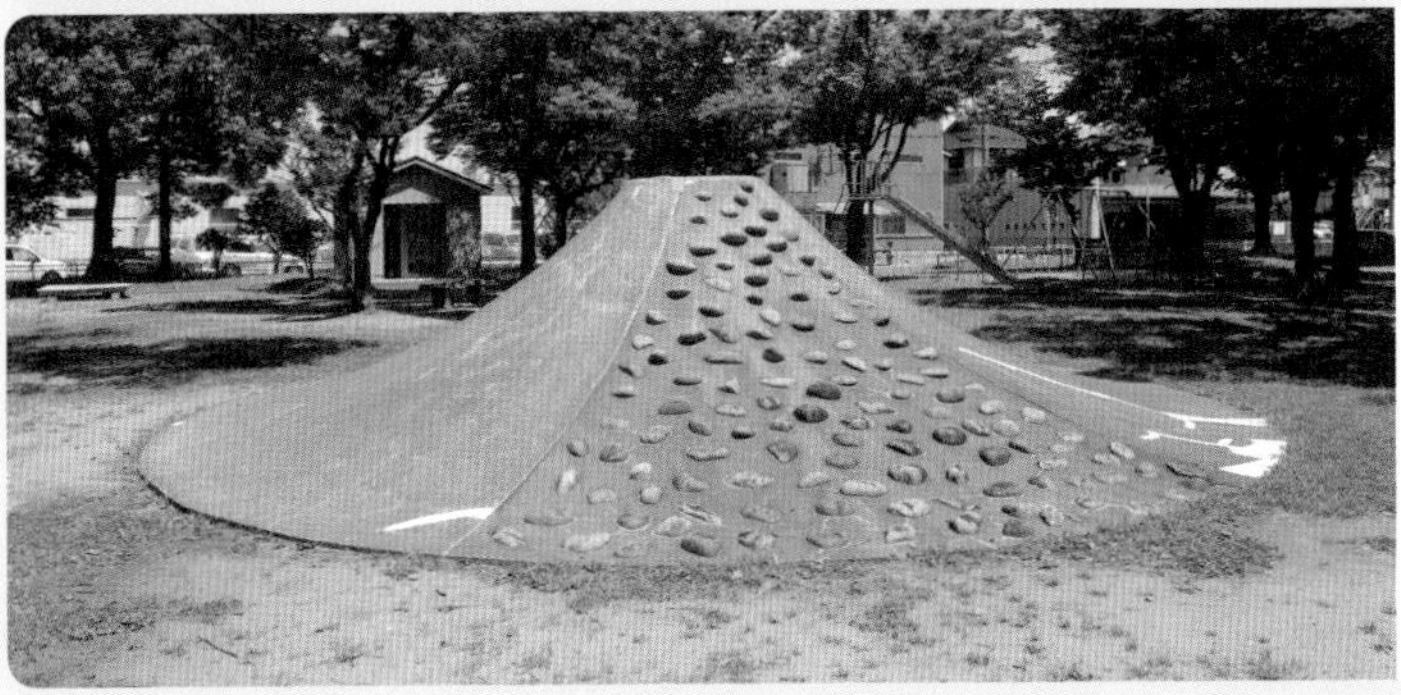

044

上浜南公園《かみはまみなみこうえん》

名古屋市南区

Kamihamaminami I

公園の富士山
観察ポイント
3

カラーリング

装う富士山

鮮やかな色彩に変身した富士山すべり台

Fujisan Suberidai

青色に白い冠雪。王道の富士山カラーリング。
梅森荘（名古屋市名東区）

色褪せた黄色の玉石。繰り返し補修されてきた山体と相まって野性味あふれる姿に。
宝生公園（名古屋市南区）

ひときわ目をひく信号機カラー。塗替え前（下）は青、黄、クリームの三色だった。
北出公園（愛知県稲沢市）

ピンクは富士山すべり台では定番カラーのひとつ。
深田池公園（名古屋市名東区）

ペンキで塗ったばかりの姿。色モルタルとは違って、ペンキ塗装は色落ちしやすいのが難点。
上飯田南荘・富士山公園（名古屋市北区）

黄色に塗られた玉石がさわやか。
松風公園（名古屋市南区）

赤色に白色ドットのベニテングタケカラー。
笠寺公園（名古屋市南区）

赤白模様に塗られた玉石の中にひとつだけ黄色の玉石がある不思議。
元塩公園（名古屋市南区）

過去の航空写真と公園の建設時期から、この松風公園が最古のプレイマウントBではないかと推測しています。昭和46年10月15日開園。登り面がペンキで塗装されカラフルです。

2003年撮影

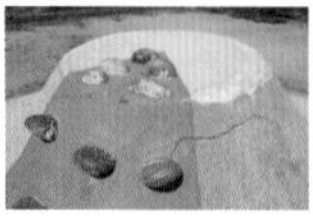

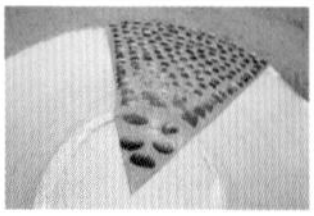

| 愛知県名古屋市南区元鳴尾町　　| 昭和46(1971)年度

公園南端の児童遊園スペースに、どーんと大きいのが鎮座しています。初期に製作されたもので、すでに設置から50年が経っているのに玉石や山頂付近の崩落などもなく艶々です。施工技術の高さと地域の皆さんのおかげです。

| 愛知県名古屋市南区呼続四丁目4　　| 昭和44(1969)年度

このあたりから富士山すべり台密集地帯に入ります。笠寺観音の周り一帯がとくにコンクリート遊具の密度が高いので、ぜひ散策してみてください。このプレイマウント、一見真っ白なようで実は山頂に登るとピンク色の別天地、という心憎い配色が特徴です。

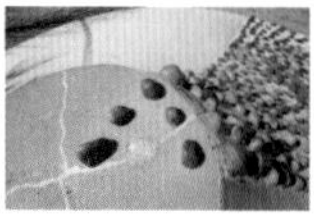

| 愛知県名古屋市南区元桜田町二丁目　　| 昭和48(1973)年度

名古屋市では珍しい、緑色をした登り面は補修の際にペンキで塗られたもの。近くの笠寺公園の赤塗装と好対照です。全体に造りがしっかりしており、ひび割れや玉石の欠落が少なく美しいです。

2003年撮影

| 愛知県名古屋市南区明円町　　| 昭和44(1969)年度

045

松風公園《まつかぜこうえん》

名古屋市南区

Matsukaze Park

046

呼続公園《よびつぎこうえん》

名古屋市南区

Yobitsugi Park

047

桜公園《さくらこうえん》

名古屋市南区

Sakura Park

048

杓子田公園《しゃくしだこうえん》

名古屋市南区

Shakushida Park

補修によりベニテングタケ化しています。近所の杓子田公園と同じく昭和44年製のプレイマウントA。富士山すべり台を取り囲むように木が植えられているのは、中村公園でも見たケース。造園設計が同じ人なのかしら。

2003年撮影

| 愛知県名古屋市南区弥生町　　| 昭和44(1969)年度

色褪せた水色の富士山。広報なごや第314号の記事によると、芝公園は昭和48年12月に完成しており「施設にフジ棚、砂場、ブランコ、スベリ台、グローブジャングル、ベンチなどがあります」とあるので、プレイマウントはもう少し後につくられたのでしょうか？ 昭和50年の航空写真には写っています。

| 愛知県名古屋市南区芝町　　| 昭和49(1974)年度

東海道笠寺一里塚のすぐ近くにあるプレイマウント。住宅地の中につくられた小型の富士山すべり台です。このあたり天白川沿いには様々な種類のコンクリート遊具が残っているので、他にも探してみてはいかがでしょうか。

| 愛知県名古屋市南区白雲町　　| 昭和49(1974)年度

国土地理院　地図·空中写真閲覧サービス　CCB7715-C23-12より一部使用　1977.10.20

なにやら形が独特なのは山頂部を広くしたため。サイズ的には直径12mをきちんと守ったプレイマウントAです。一見真っ白なようで、よく見ると水色が退色したもの。白い冠雪も描かれています。

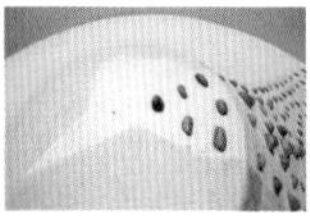

| 愛知県名古屋市緑区浦里一丁目　　| 昭和51(1976)年度

049

笠寺公園《かさでらこうえん》

名古屋市南区

Kasadera Park

050

芝公園《しばこうえん》

名古屋市南区

Shiba Park

051

白雲公園《はくうんこうえん》

名古屋市南区

Hakuun Park

052

浦里公園《うらさとこうえん》

名古屋市緑区

Urasato Park

緑区最古の富士山すべり台は水色に冠雪の堂々とした姿。このカッコよさの秘密は直径にあり。プレイマウントAの図面では直径12mのところ、直径13mで建造して裾野を広くしてあるんですね。鳴海城址の高台につくられた遊具です。

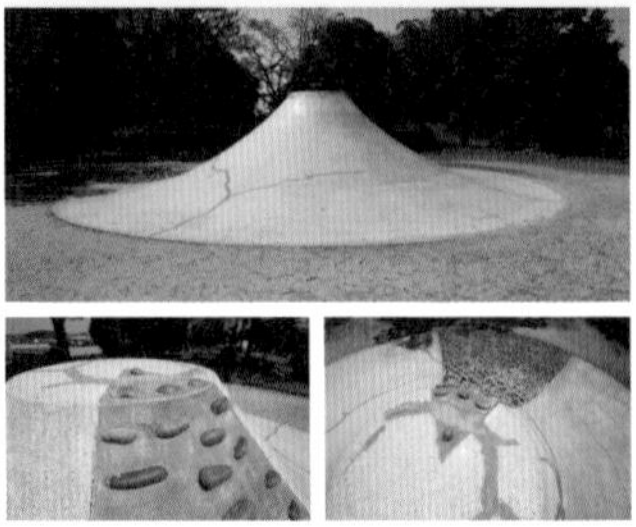

愛知県名古屋市緑区鳴海町城　昭和44(1969)年度

平成9年製という新しいもので表面の水色もきれいですね。茶碗を伏せたような山頂部の出っ張り具合が特徴。富士山っぽさは薄いけど、ずっと見ていると風景から浮いているような違和感があって面白い逸品です。

愛知県名古屋市緑区平子が丘　平成9(1997)年度

名古屋市で最も新しい富士山すべり台だった姥子山北公園。榎津公園の誕生により20年ぶりにその地位を譲りました。いたってシンプルにまとめられており、富士山っぽさは薄め。山頂にひとつだけ平たい石が埋め込まれているのがポイントで、これに指をかけることで安全に登頂ができるようになっています。

愛知県名古屋市緑区姥子山一丁目　平成11(1999)年度

こちら新海池公園は駐車場の備わったおでかけ向けのスポット。駐車場のすぐそばにプレイマウントがあります。冠雪部のギザギザの漫画的表現がいいアクセントですね。山体のアイボリーが地味なぶん、ピリリと効いてます。

愛知県名古屋市緑区鳴海町池上　昭和63(1988)年度

プレイマウント A 直径12m　プレイマウント B 直径8m

053

鳴海城跡公園《なるみしろあとこうえん》

名古屋市緑区

Narumishiroato Pa

054

坊主山公園《ぼうずやまこうえん》

名古屋市緑区

Bozuyama Park

055

姥子山北公園《うばこやまきたこうえん》

名古屋市緑区

Ubakoyamakita Pa

056

新海池公園《にいのみいけこうえん》

名古屋市緑区

Niinomiike Park

なぜか平たい形です。自由気ままにつくったようにみえて直径12mをきちんと守ったプレイマウントA。高さは他のプレイマウントAより低いものの、裾野が大きく広がって見えるため印象としては雄大、とても大きく見えます。視覚トリック！

| 愛知県名古屋市緑区篠の風二丁目　　| 昭和48(1973)年度

地下鉄桜通線の終点、徳重駅前にあります。全面ピンク色のプレイマウントB。建造は昭和61年と桜通線そのものがまだ開業前の時代です。公園の周りがどんどん開発されてゆく中、独りくたびれた感がありますが、この街の生き証人として愛されてほしいなぁと思います。

| 愛知県名古屋市緑区乗鞍二丁目　　| 昭和61(1986)年度

こちら梅野公園は桜通線野並駅から北東の高台にあります。グレーのモノトーンが都会的でおしゃれですね。直線的でふとましいシルエットが気になって計測したところ、直径が11mとプレイマウントAの12mよりわずかに足りない。いったい裾野の広がりはどこへ行った？

| 愛知県名古屋市天白区野並四丁目　　| 昭和49(1974)年度

すぐ隣を天白川が流れる、のどかで緑豊かな場所です。薄紫の濃淡がわずかに残る大型のプレイマウント。対岸にある瑞穂区中根公園にも昭和46年製のプレイマウントがあるので比べると面白いかも。瑞穂区側は住宅密集地です。

| 愛知県名古屋市天白区菅田一丁目　　| 昭和61(1986)年度

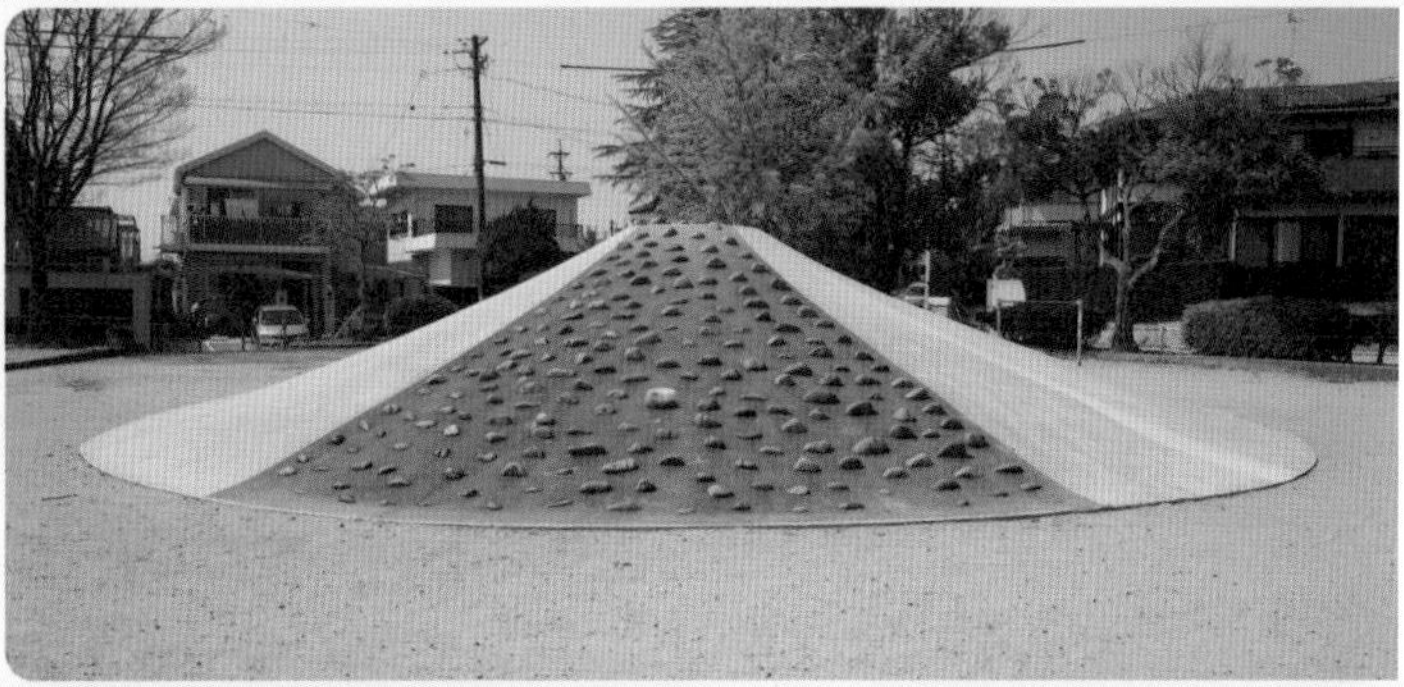

057

篠の風公園《しののかぜこうえん》

名古屋市緑区

Shinonokaze Park

058

要池公園《かなめいけこうえん》

名古屋市緑区

Kanameike Park

059

梅野公園《うめのこうえん》

名古屋市天白区

Umeno Park

060

中曽根公園《なかそねこうえん》

名古屋市天白区

Nakasone Park

このあたりはコンクリート遊具が多いエリアで、天白川両岸にわたって分布しています。こちらの公園は細い道に囲まれた隠れ家的な場所。真っ白な富士山ですが、よく見ると水色の山体と冠雪模様がうっすらと残っています。目立ったキズもなく状態はとても良好。

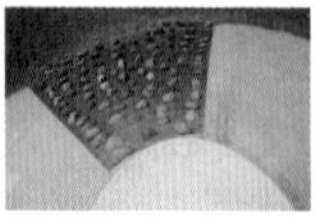

愛知県名古屋市天白区菅田一丁目　昭和62(1987)年度

これは下山畑公園のものとそっくり！というか公園自体の雰囲気が両者そっくりなので、おそらく近在の造園業者が同時期に両公園を手掛けたものと推測します。水色に冠雪模様だったのが現在ではすっかり真っ白に色落ちした状態。痛みの少ない上質なプレイマウントです。

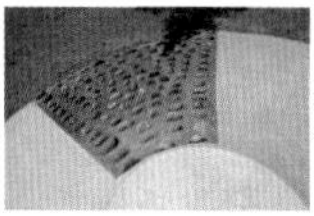

愛知県名古屋市天白区菅田二丁目　昭和62(1987)年度

このあたり天白川の北岸のほうは比較的開発が早かったので公園遊具も割と古いものが残っています。ここは昭和45年製。全体がピンク系で登り面は黄色のようですが、汚れなのか退色なのかなんとも微妙な色合い。高圧洗浄できれいにしたいなぁ。

愛知県名古屋市天白区元八事二丁目　昭和45(1970)年度

平たい富士山すべり台のひとつ島田公園です。昭和51年度の完成なので、篠の風公園の昭和48年度より少し後になります。斜面の勾配や玉石の並びなどに両者で違いがあり、同じ業者が手掛けたかどうかは不明。直径は12mを数十cmオーバー、図面無視のフリーダムっぷり。

愛知県名古屋市天白区池場一丁目　昭和51(1976)年度

061

下山畑公園《しもやまはたこうえん》

名古屋市天白区

Shimoyamahata Pa

062

菅田公園《すげたこうえん》

名古屋市天白区

Sugeta Park

063

宮脇公園《みやわきこうえん》

名古屋市天白区

Miyawaki Park

064

島田公園《しまだこうえん》

名古屋市天白区

Shimada Park

国土地理院　地図・空中写真閲覧サービス　CCB822-C17-42　から一部使用　1982.12.04

地下鉄平針駅が昭和53年に開通して、駅周辺の開発が著しい昭和57年頃に建造されたプレイマウントAです。ちょうど公園を境に北が新市街、南が高台の旧市街。旧市街を飯田街道が貫いています。

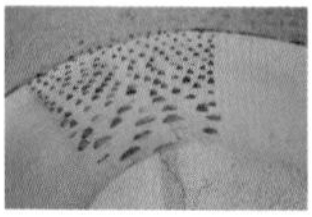

愛知県名古屋市天白区平針四丁目

昭和57(1982)年度

ここの大きな特徴はピザを6分割に切り分けたような表面の溝。いったい何故でしょうか。1ブロックごとに分けてモルタルを塗ったため？ 収縮に備えて目地を彫ったため？ いろいろと想像が膨らみます。

愛知県名古屋市瑞穂区関取町

昭和46(1971)年度

昭和高校の南、天白川沿いにある中根公園は春になると桜が咲き乱れるところ。ほんのり桜色のプレイマウントが公園のシンボルのように置かれています。近所の子どもたちや河川敷で運動をする人々など、普段からにぎやかなエリアです。

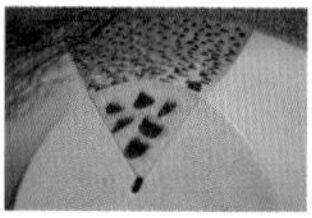

愛知県名古屋市瑞穂区白砂町四丁目

昭和46(1971)年度

山の上の要塞のような梅森荘。昭和45年度に着工されていますが、航空写真からクライミングスライダーは昭和46年、プレイマウントが昭和48年の製造と推測されます。令和元年度になって団地遊具の塗装工事が行われ、ピンク色だった富士山は鮮やかな青に生まれ変わりました。

2017年撮影。塗替え前

愛知県名古屋市名東区梅森坂四丁目

昭和48(1973)年度

065

屋下公園《やしたこうえん》

名古屋市天白区

Yashita Park

066

中根南部公園《なかねなんぶこうえん》

名古屋市瑞穂区

Nakanenanbu Park

067

中根公園《なかねこうえん》

名古屋市瑞穂区

Nakane Park

068

梅森荘《うめもりそう》

名古屋市名東区

Umemori-sō

公園の富士山
観察ポイント
4

冠雪
美しさを競う雪化粧
富士山すべり台の"富士山"たる由縁

Fujisan Suberidai

ギザギザでポップな冠雪表現。
新海池公園（名古屋市緑区）

日に照らされてできた陰影が美しい。
昭和橋公園（名古屋市中川区）

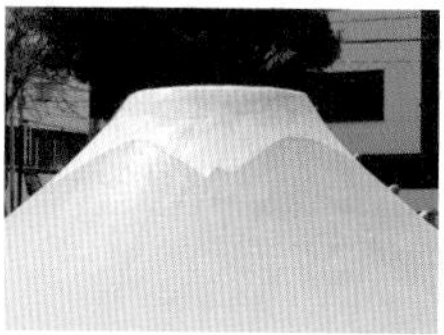

雪と山肌の境界が山々の稜線を思わせる。
裏門前公園（名古屋市中区）

冠雪は真上から見るとまるで花弁のよう。
三本松町公民館
（三重県四日市市）

雪の中からニョキッと顔を出す玉石たち。
永森公園（名古屋市守山区）

山体の色によって雪の映え方も変わる。
柳森公園（名古屋市中川区）

玉石部分に雪のないタイプ。
葉場公園（名古屋市中区）

雪をたっぷりと贅沢に。
桃花台中央公園（愛知県小牧市）

公園の富士山

観察ポイント

5

頂上

頂きの景色

視点を変えて眺める、愛でる。

今度はどのルートで下山しようかな？

にしうしろ公園（愛知県日進市）

山頂の一部まで登り面の玉石があるタイプ。あら、誰かいますね。

平塚公園（名古屋市西区）

Fujisan Suberidai

やや丸みをおびた山頂部にざらりとした登り面が力強い。

泉ヶ丘団地児童公園（三重県津市）

プリンのカラメルのような山頂。

西稲永荘（名古屋市港区）

絶壁の山頂。最後まで気が抜けません。

坊主山公園（名古屋市緑区）

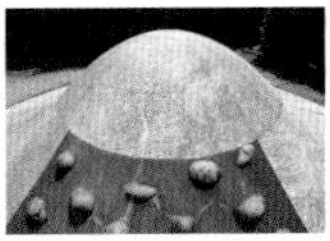

山頂が平らではなく丸いタイプ。

東芳野公園（名古屋市東区）

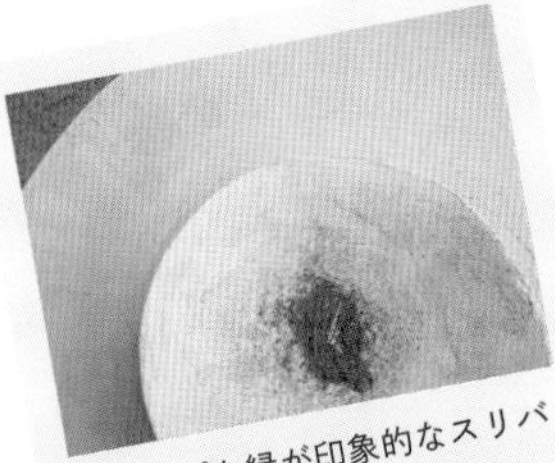

シャープな縁が印象的なスリバチタイプの山頂。

山ノ脇公園（愛知県春日井市）

ピカピカでツルツルの山頂。

多屋公園（愛知県常滑市）

高針小学校のちょっと北にある深田池公園。おなじみのピンク色に白い冠雪ですね。名古屋市東部の丘陵地帯では地形の高低差を利用したすべり台が分布するせいか、石の山が少なく、またプレイマウントも小型のものが多いように見えます。

愛知県名古屋市名東区高針三丁目　昭和56(1981)年度

補修痕も大胆なこのプレイマウントは建造からもう40年以上、山頂の補修部以外は結構きれいです。注目は左右非対称なこの形。登り面は比較的緩やかな傾斜で、反対側の滑り面は急傾斜。これは意図してつくってあるの？

愛知県名古屋市名東区宝が丘　昭和51(1976)年度

見てほしいのは山頂付近の色分け。ワンポイントの藤紫色がカッコよく決まっています。細かく見ると材質も違うみたい。これが補修なのか初めからなのか分かりませんが、気の利いた感じがして好印象です。

愛知県名古屋市名東区社口一丁目　昭和49(1974)年度

これは平べったいプレイマウントと言っていいのか、富士山離れした個性的な形をしています。公園の隅の木陰にあるので全体に日光が当たらず、撮影にはいつも泣かされました。目立った損傷の少ない、きれいな遊具です。

愛知県名古屋市名東区香南二丁目　昭和51(1976)年度

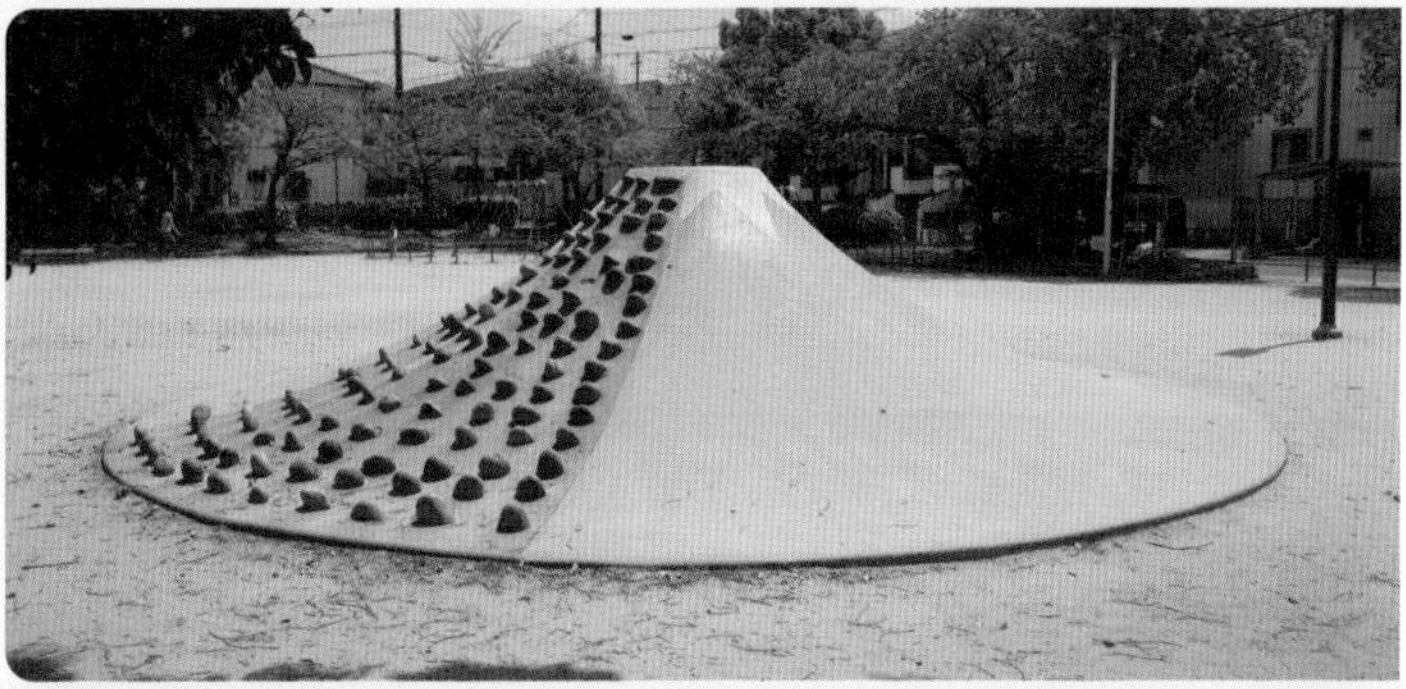

069

深田池公園《ふかだいけこうえん》

名古屋市名東区

Fukadaike Park

070

宝が丘公園《たからがおかこうえん》

名古屋市名東区

Takaragaoka Park

071

上社西部第二公《かみやしろせいぶだいにこう》

名古屋市名東区

Kamiyashiroseibu-dain

072

九合田公園《くごうだこうえん》

名古屋市名東区

Kugoda Park

本地荘の着工は昭和46年で梅森荘と同時期。どちらも山の上の要塞感が魅力的な団地です。このプレイマウントは航空写真から昭和48年製と判断。バニラ、いちご、あずきを思わせるアイスクリームのような配色にセンスを感じます。

愛知県名古屋市守山区本地が丘

昭和48(1973)年度

平成９年度に、古くなったクライミングスライダーを撤去して、新たにつくられたのがこのプレイマウントです。新しいだけあって表面はつやつや、気持ちよく遊べます。名古屋市が建造した最も若いプレイマウントAです。

愛知県名古屋市守山区川村町

平成9(1997)年度

平べったい系の永森公園。アイボリーに冠雪模様は川村公園のものとよく似ています。このプレイマウント、守山区では第二世代といえるもので、かつて守山プールの隣にあった山下公園のプレイマウントが平成4年頃に解体された後に、場所を移して新造されたのがこちらになります。

愛知県名古屋市守山区永森町

平成7(1995)年度

間近にナゴヤドームを望む市営前浪荘。こちらのプレイマウントはナゴヤドームよりも古い昭和57年につくられました。大小さまざまな玉石が平行に並ぶ様子が特徴的です。小さく平べったいので、すべりやすさは今ひとつですが、360度どこからでも登りやすい山です。

愛知県名古屋市東区前浪町6

昭和57(1982)年度

073

本地荘《ほんじそう》

名古屋市守山区

Honji-sō

074

川村公園《かわむらこうえん》

名古屋市守山区

Kawamura Park

075

永森公園《ながもりこうえん》

名古屋市守山区

Nagamori Park

076

前浪荘《まえなみそう》

名古屋市東区

Maenami-sō

なぜ山頂が丸いのか、想像力を掻き立てる挑発的な造形です。現物を見ると補修によるものではなさそう。「いっけなーい！高さが足りないから継ぎ足しちゃえ」でこうなったのか？

愛知県名古屋市東区芳野一丁目11　昭和52（1977）年度

東白壁公園のプレイマウントは東芳野公園と同じ昭和52年製。こちらも負けず劣らずの個性的な形です。妙に高さが際立つこのシルエット、実は直径が2mほど足りないのですが、残りは地中にあるのでしょうか。名古屋市では最小サイズです。

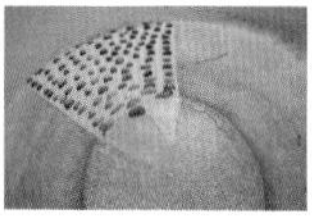

愛知県名古屋市東区白壁五丁目　昭和52（1977）年度

2000年撮影

上飯田南荘の通称「あじさい広場」にあるのは小型のプレイマウントB、こちらは登り面のみペンキ塗装で、滑り面は色モルタルのままきれいな状態を保っています。

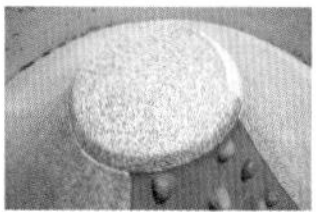

愛知県名古屋市北区上飯田南町四丁目　昭和51（1976）年度

2000年撮影

上飯田南荘の「富士山公園」にあるこちらはプレイマウントA。もともと色モルタルで造られたものを後の補修でペンキ塗装したもの。すべり台なので、たちまち表面が削られ退色が早いのは悩ましいところ。

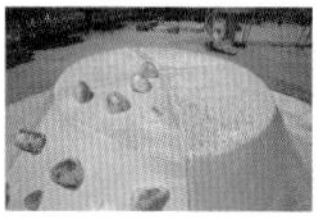

愛知県名古屋市北区上飯田南町四丁目　昭和53（1978）年度

プレイマウント A 直径12m　プレイマウント B 直径8m

077

東芳野公園《ひがしよしのこうえん》

名古屋市東区

Higashiyoshino Pa

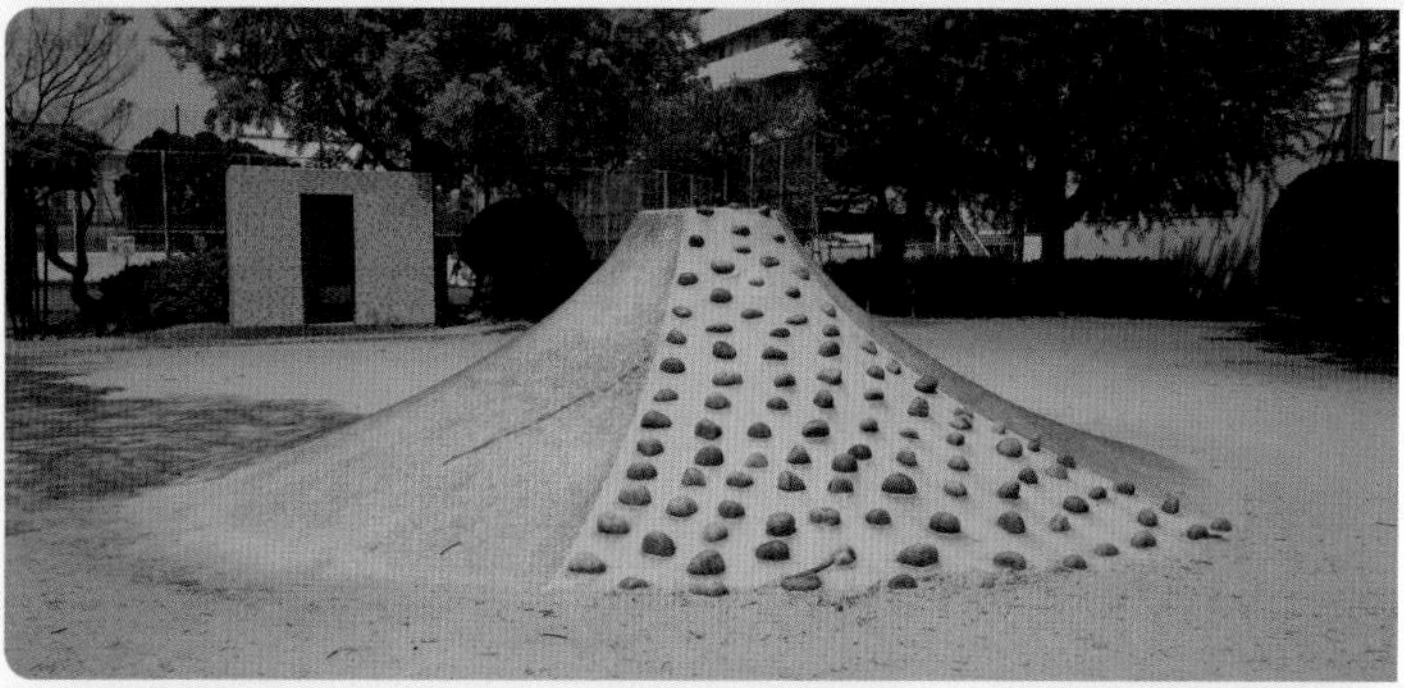

078

東白壁公園《ひがししらかべこうえん》

名古屋市東区

Higashishirakabe

079

上飯田南荘《かみいいだみなみそう》

（あじさい広場）

名古屋市北区

Kamiiidaminami-s

080

上飯田南荘《かみいいだみなみそう》

（富士山公園）

名古屋市北区

Kamiiidaminami-s

一見地味ながら、富士山すべり台のお手本と言っていい秀麗な形が魅力的。北区ではクライミングスライダーの勢力が強く、プレイマウントは少数派です。

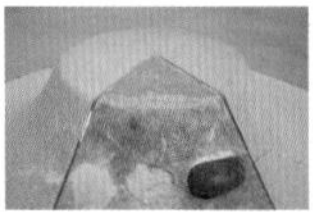

| 愛知県名古屋市北区清水四丁目3 | 昭和54(1979)年度

氷室荘のプレイマウントが解体されたので、名古屋市の市営住宅ではこれが現存最古のプレイマウントです。うっすらと冠雪模様が残っているので、昔は水色だったのかもしれません。山頂部も広く若干オーバーサイズにつくられたこの遊具にも、かつては大勢の子どもたちが群がり遊んでいたのでしょう。

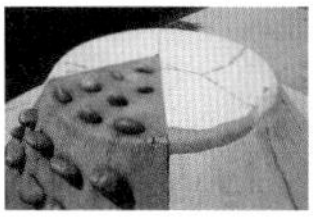
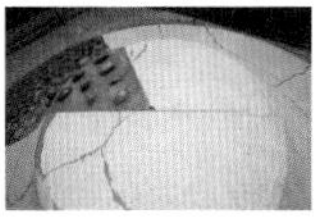

| 愛知県名古屋市北区福徳町三丁目 | 昭和47(1972)年度

大小2つのプレイマウントがうれしい蛇池公園。付近一帯は桜の名所として、市民の憩いの場になっています。こちらは蛇池神社北側の児童遊園エリアにある大型のプレイマウント。桜の名所にふさわしくピンク一色の山体で、山頂付近の玉石も登りやすいよう配置されています。

| 愛知県名古屋市西区山田町大字比良 | 昭和50(1975)年度

「蛇池公園」の供用開始は平成24年と新しいですが、付近一帯はもともと洗堰緑地（あらいぜきりょくち）として整備されており、2つのプレイマウントは昭和50年頃につくられています。こちらは野球場に隣接する小さなプレイマウント。登り面の青紫色が美しいアクセントになっています。

| 愛知県名古屋市西区山田町大字大野木 | 昭和50(1975)年度

プレイマウント A 直径12m　プレイマウント B 直径8m

081

金作公園《きんさくこうえん》

名古屋市北区

Kinsaku Park

082

福徳荘《ふくとくそう》

名古屋市北区

Fukutoku-sō

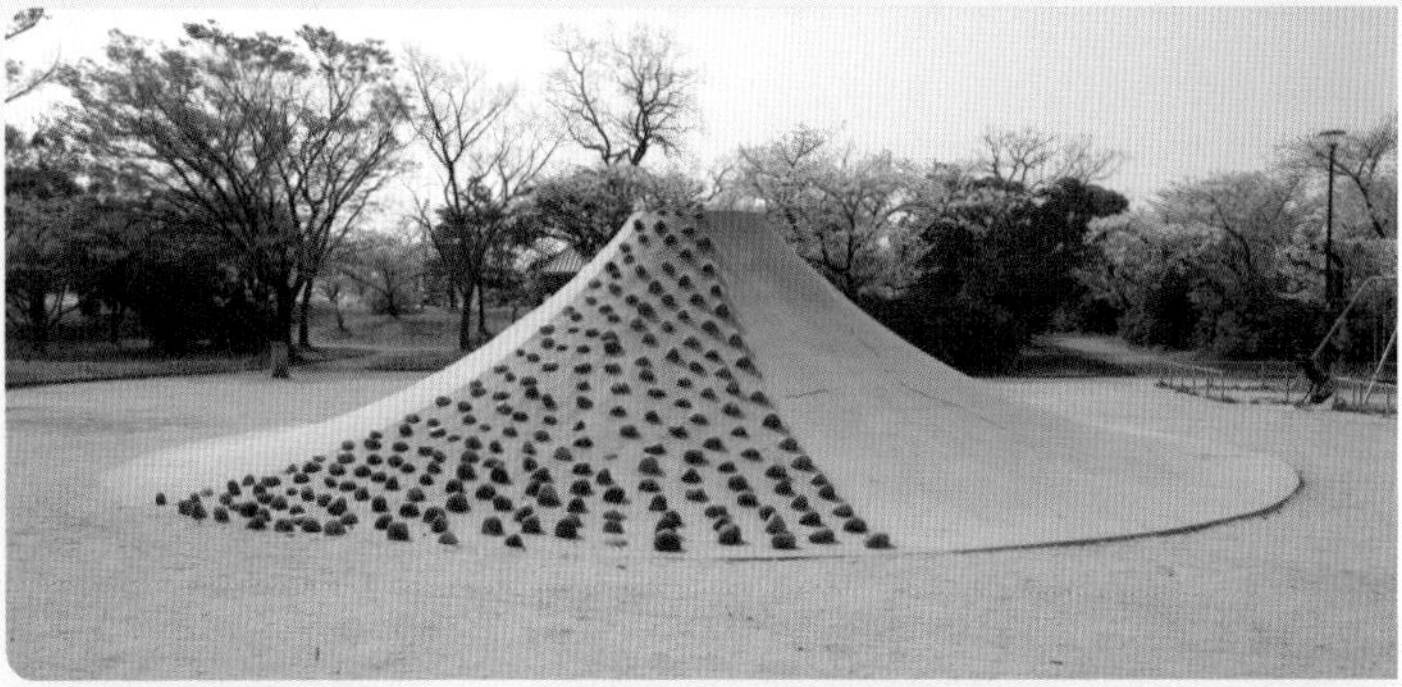

083

蛇池公園《じゃいけこうえん》（北）

名古屋市西区

Jaike Park

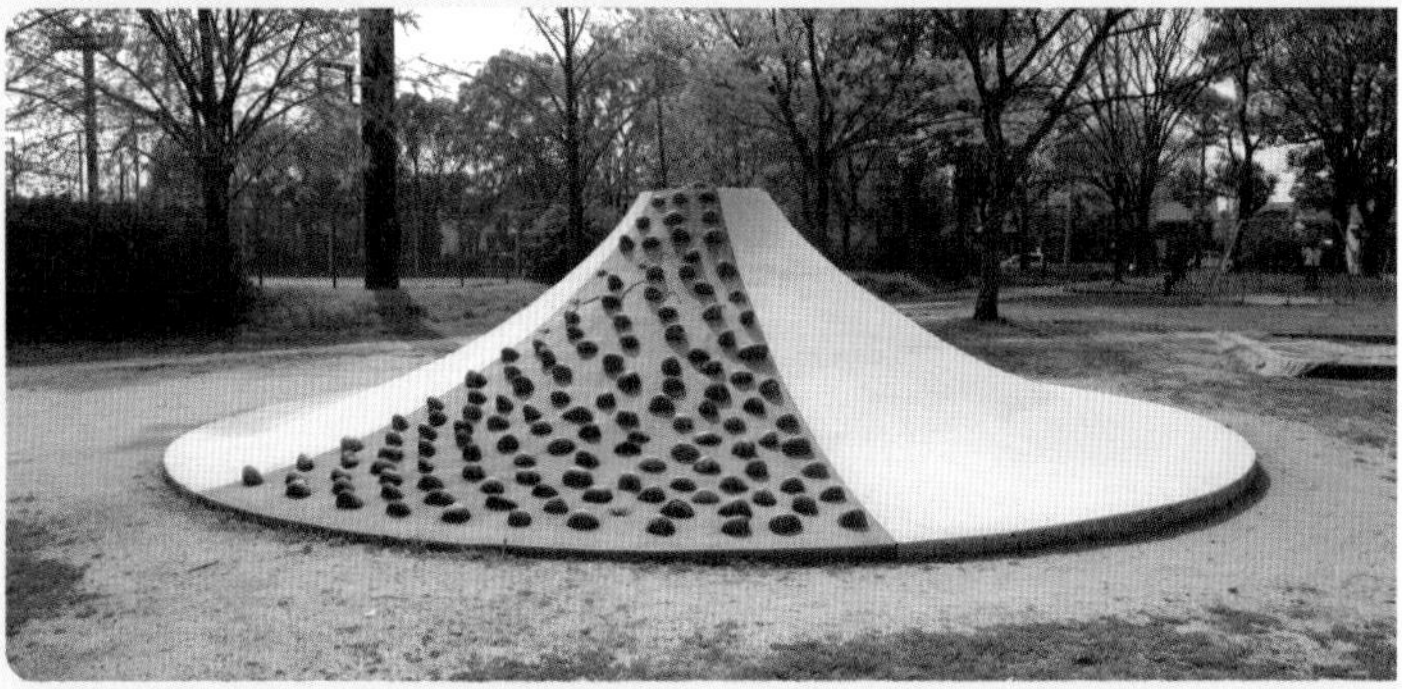

084

蛇池公園《じゃいけこうえん》（南）

名古屋市西区

Jaike Park

玉塚公園は新川に面したのどかなところ。名古屋市内の富士山すべり台としてはここが最北端です。すでに満身創痍なうえに、山頂部の損壊はずいぶんと進んだ模様。この先の処遇がどうなるのか心配です。

※2020年10月現在、立入禁止

※令和2(2020)年度に撤去(予定)

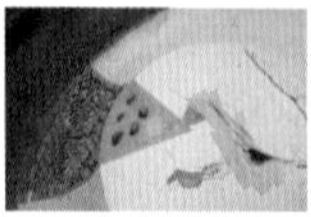

| 愛知県名古屋市西区清里町 | 昭和47(1972)年度

褒めポイントとしてはどうかと思いますが、亀裂の入りかたがカッコいいので見てほしいです。大型の富士山が広場の隅っこにある造園設計は珍しいかな。球技ができるようフェンスで囲ったエリアにあります。

| 愛知県名古屋市西区赤城町 | 昭和49(1974)年度

赤城公園と同じ昭和49年製プレイマウントAです。玉石の大きさや、登り面と滑り面の間に溝がないなど、多少の相違点はあるものの、姿かたちやひび割れ具合など赤城公園のものとそっくり。

| 愛知県名古屋市西区五才美町 | 昭和49(1974)年度

名古屋市西区山田支所の隣にあって城北線小田井駅や名鉄・地下鉄の上小田井駅からもアクセス良好。城北線の車窓からもよく見えます。全体がピンクで登り面が白、という配色は清潔感があっていいですね。中村区の鴨付公園のものと似ており、建造時期も近いので関連があるのかも。

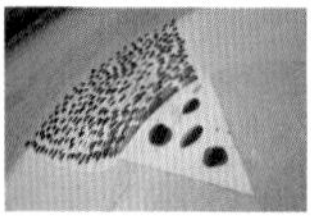

| 愛知県名古屋市西区八筋町 | 昭和52(1977)年度

プレイマウント A 直径12m　プレイマウント B 直径8m

085

玉塚《たまつか》公園《こうえん》

名古屋市西区

Tamatsuka Park

086

赤城《あかしろ》公園《こうえん》

名古屋市西区

Akashiro Park

087

五町《ごちょう》公園《こうえん》

名古屋市西区

Gocho Park

088

平塚《ひらつか》公園《こうえん》

名古屋市西区

Hiratsuka Park

見寄公園は清須市に近いエリア、新川より西の工業地域にあります。平塚公園のプレイマウントと似た配色ながら、こちらはずいぶんと風化が進行しています。

| 愛知県名古屋市西区見寄町　　| 昭和51(1976)年度

こちら中小田井公園では各種コンクリート遊具がきれいに維持されています。いずれも公園ができた昭和47年当初からあるもの、大事に使っていきたいですね。このプレイマウント、裾野がきれいに土の中に納まっています。基礎を深めに掘ったのか、土中含めて直径12mといったところ。

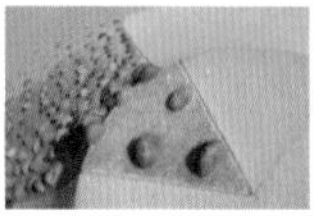

| 愛知県名古屋市西区中小田井二丁目　　| 昭和47(1972)年度

かつて公園内に児玉プールがあったので、児玉プール公園の名前を覚えている方もいるのではないでしょうか。プールの後の富士山すべり台、私も体験したかったな、と思います。現在でも発色の美しいプレイマウントAです。

| 愛知県名古屋市西区児玉三丁目9　　| 昭和47(1972)年度

名駅にも近い則武新町にある南押切公園。今では色褪せているものの、黄色に青のポップな色合いも楽しそうです。見どころは玉石の配列、まっすぐ平行でもなくランダムでもなく一見へたくそな並び、絶妙なヘタウマ感に愛嬌を感じます。

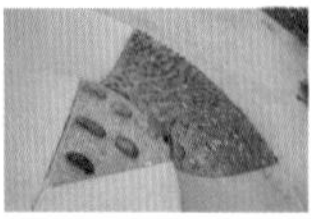

| 愛知県名古屋市西区則武新町二丁目17　　| 昭和51(1976)年度

089

見寄公園《みよりこうえん》

名古屋市西区

Miyori Park

090

中小田井公園《なかおたいこうえん》

名古屋市西区

Nakaotai Park

091

児玉南公園《こだまみなみこうえん》

名古屋市西区

Kodamaminami Pa

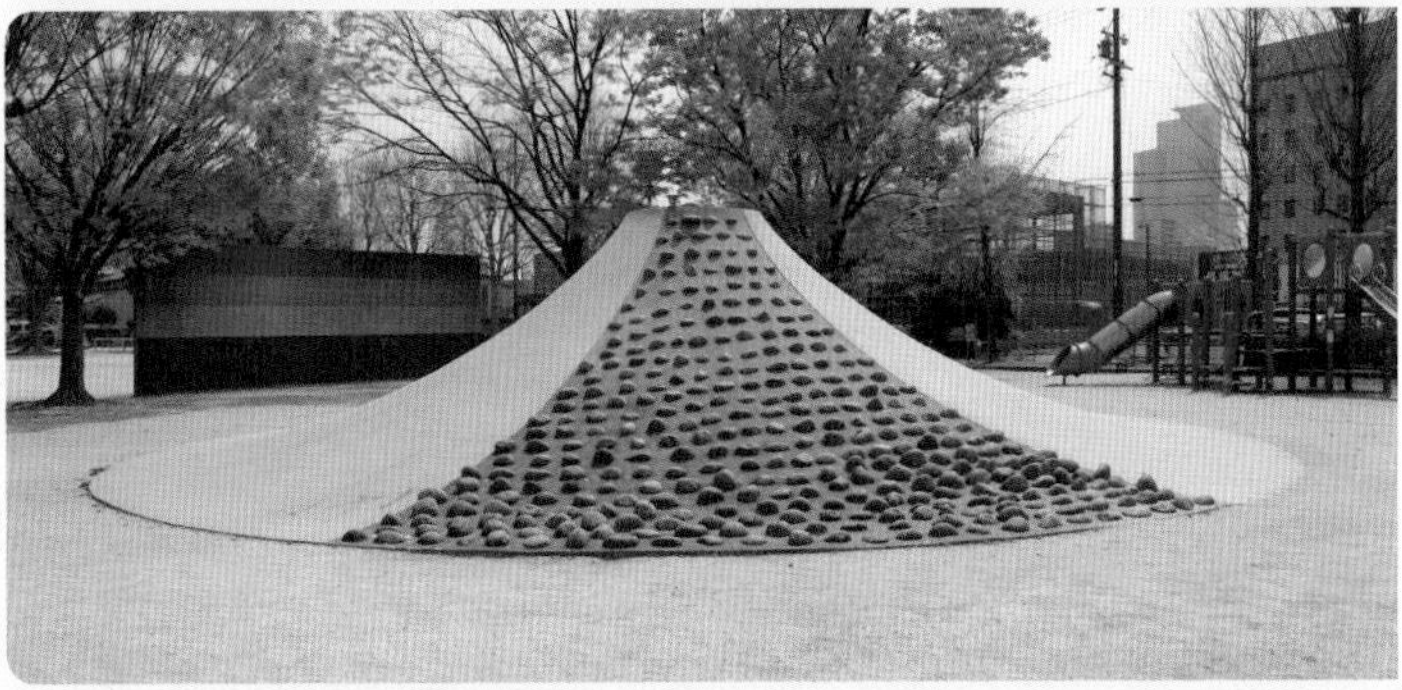

092

南押切公園《みなみおしきりこうえん》

名古屋市西区

Minamioshikiri Pa

名古屋駅の北、ノリタケの森から北へ歩くと桜木公園があります。昭和13年に開園した歴史ある公園で、プレイマウントの設置も昭和42年度という最初期のもの。現在でも目立った傷や欠落もない驚異的な美しさ。つくりのよさでは別格な感じがします。

2000年撮影。かつては砂場が併設されていた

| 愛知県名古屋市西区菊井一丁目27 | 昭和42(1967)年度

コラム
column

公園の富士山
観察ポイント
6

経年変化

深みを増す山肌

歳月とともに味わい深くなる。

子どもたちの手で磨かれ黒光りする玉石。
稲葉地公園（名古屋市中村区）

魅せるタイプの補修痕。
上浜南公園（名古屋市南区）

Fujisan Suberidai

093

桜木公園《さくらぎこうえん》

名古屋市西区

Sakuragi Park

大部分が滑り面の富士山すべり台はカラーモルタルは全体がゆっくりとまんべんなく退色してゆく。
鳴海城跡公園（名古屋市緑区）

周囲との境界が曖昧になった山麓。
中小田井公園（名古屋市西区）

色あせ、やわらかなパステルカラーに。
上社西部第二公園（名古屋市名東区）

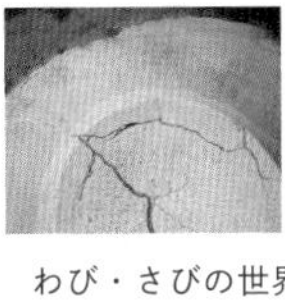

わび・さびの世界。
丸山公園
（愛知県春日井市）

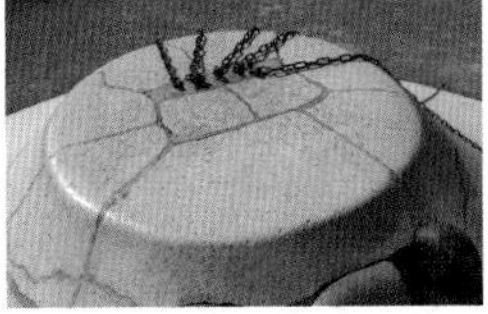

チェーンの錆で飴色に染まった山頂。
馬場公園（岐阜県瑞穂市）

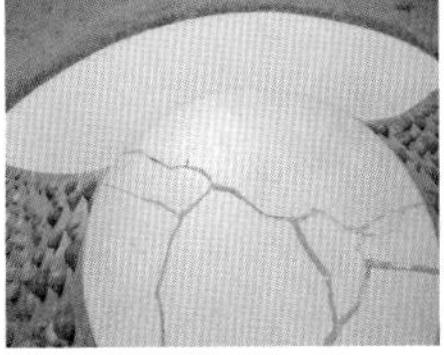

ヒビの入りかたも様々。一本一本が個性となる。
上八田住宅児童遊園
（愛知県春日井市）

096

市営大輪住宅《しえいだいわじゅうたく》

愛知県小牧市

Shiei Daiwa-jutaku

登り面が緑色の小牧市仕様。敷地いっぱいの大きさで直径は約11m。直径12mのプレイマウントAから裾野を1mだけ切り詰めたようなデザインで、稜線がほぼストレートになっています。

愛知県小牧市小牧一丁目
平成6(1994)年度

直径11m

桃花台第1公園《とうかだいだいいちこうえん》

愛知県小牧市

Tokadai-daiichi Park

名古屋市のほかに富士山すべり台が多くみられる場所として、小牧市の桃花台ニュータウンが挙げられます。平成に入ってからの大型コンクリート遊具は珍しいのですが、地元業者に蓄積があったのでしょう。こちら名古屋市のプレイマウントAとまったくの同型です。

097

愛知県小牧市城山四丁目
平成2(1990)年度

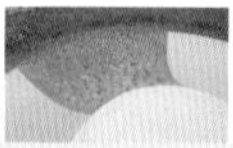

094

北出公園《きたでこうえん》

愛知県稲沢市

Kitade Park

名古屋市のプレイマウントAとそっくり同じもので、国土地理院の昭和49年に撮影された航空写真から確認できます。平成27年度にペンキで全面塗装され、派手に生まれ変わりました。

愛知県稲沢市松下二丁目17
昭和49(1974)年度

黒田第2児童遊園《くろだだいにじどうゆうえん》

愛知県一宮市

Kuroda-daini Children's Playground

名古屋市型のプレイマウントを大胆にアレンジ。長いトンネルや玉石のほかに梯子や鎖場などのバリエーションが豊富で楽しい仕上がりになっています。直径は約10m。昭和54年度に隣接の児童館とともにつくられています。

095

愛知県一宮市木曽川町黒田城西
昭和54(1979)年度

直径10m

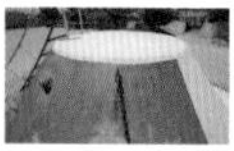
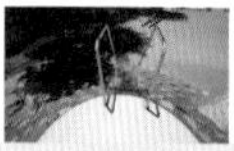

プレイマウント A 直径12m　プレイマウント B 直径8m　プレイマウント その他のサイズ

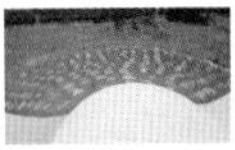

098

城山第1公園《しろやまだいいちこうえん》

愛知県小牧市

Shiroyama-daiichi Park

基本的に名古屋市のプレイマウントBに準じていますが違いがいくつか。直径が9mと少し幅広、登り面が全体の1/3を占めている、登り面が小牧市特有の緑色、などの特徴があります。

愛知県小牧市城山五丁目
平成7(1995)年度

桃花台中央公園《とうかだいちゅうおうこうえん》

愛知県小牧市

Tokadai-chuo Park

桃花台ニュータウンでは最大の公園で、家族連れでいつも賑わっています。この富士山は特に人気の遊具。とてもツルツルしていてよく滑ります。放り出される勢いで滑落するので要注意！

099

愛知県小牧市城山二丁目
平成3(1991)年度

100

桃花台第4公園《とうかだいだいよんこうえん》

愛知県小牧市

Tokadai-daiyon Park

桃花台ニュータウンでは初めての富士山すべり台。登り面は小牧市特有の緑色をしており、迷彩柄のような冠雪表現も個性的。周りに大型遊具もあって、広々としたロケーションが印象的です。

愛知県小牧市光ケ丘三丁目
昭和62(1987)年度

はなのき公園《はなのきこうえん》

愛知県春日井市

Hananoki Park

はなのき公園は公園全体が美術家によって設計されています。テーマは「自然への回帰」。Q造形グループ（野水信、石黒鏘二、三水弘）によってつくられた富士山を組み合わせた遊具は、子どもたち自らが遊びを創造する場となっています。

101

愛知県春日井市小野町二丁目
昭和48(1973)年度　16m×14m

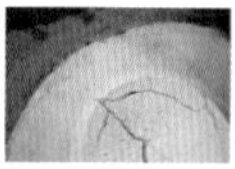

102

愛知県春日井市 丸山公園《まるやまこうえん》

Maruyama Park

春日井市には名古屋市のプレイマウントとは違った、独自設計の富士山すべり台があります。はなのき公園の富士山を小さくアレンジしたような形。玉石がなくて360度ツルツル、しかも急勾配なので簡単には登れません。

愛知県春日井市如意申町四丁目
昭和55(1980)年度　石の山 直径7m

愛知県春日井市 上ノ場公園《かみのばこうえん》

Kaminoba Park

この春日井市の富士山すべり台、直径7m高さ2m山頂部の直径が1m、と図面上の指定はそれだけのシンプルなものです。この遊具の名前は「石の山」。「石の山」の名称は固有名詞というよりはコンクリート製の築山型遊具を指す普通名詞に近いのかもしれません。

103

愛知県春日井市如意申町八丁目
昭和56(1981)年度　石の山 直径7m

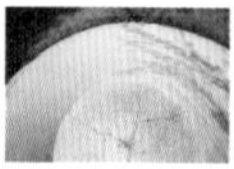

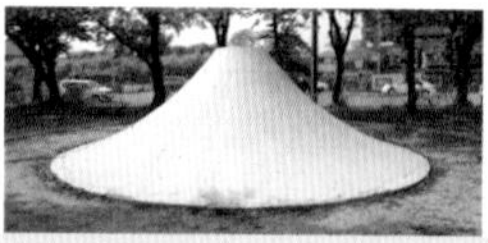

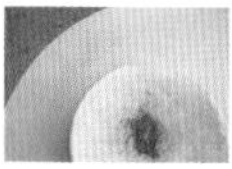

104

愛知県春日井市 山ノ脇公園《やまのわきこうえん》

Yamanowaki Park

周囲を砂場に囲まれており、助走をつけて駆け上がろうとすると、砂に足を取られて上手く走れない、という難度の高い山です。本気で遊ぶと砂まみれになるので、大人には向いていないかも。山頂がスリバチ状の窪地なので、砂や雨水が溜まっています。

愛知県春日井市柏井町七丁目
昭和55(1980)年度　石の山 直径7m

愛知県春日井市 杁ケ島公園《いりがしまこうえん》

Irigashima Park

きれいな白一色の富士山ですが、よく見ると冠雪表現がうっすら残っているあたり、もともとは青かったのでは？と推測します。春日井タイプの富士山すべり台はすべて同じ時期に造られており、個体差も見られないので同一業者が手掛けたものと考えられます。

105

愛知県春日井市杁ケ島町
昭和55(1980)年度　石の山 直径7m

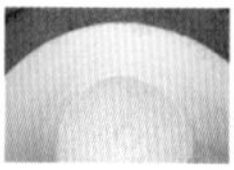

プレイマウント A 直径12m　プレイマウント B 直径8m　プレイマウント その他のサイズ

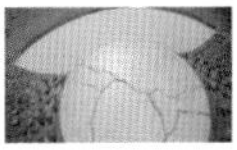

106

愛知県春日井市 上八田住宅児童遊園《かみはったじゅうたくじどうゆうえん》

Kamihatta-jutaku Children's Playground

春日井市にはプレイマウントタイプも存在します。プレイマウントAより小さな直径11mは、設置スペースにぴったりの大きさ。斜面の2/3を占める玉石が粒ぞろいで壮観ですね。近年増えてきたボルダリング遊具の流れをうまく取り入れた？傑作です。

愛知県春日井市八田町二丁目
平成8(1996)年度
直径11m

愛知県春日井市 小針公園《こばりこうえん》

Kobari Park

春日井市の富士山すべり台も今となっては、誰が、どんな経緯で設計したのか、分からないとのこと。春日井市には独自のコンクリート遊具や、鬼ヶ島公園のようなユニークな公園が多くあって、私たちを楽しませてくれます。

107

愛知県春日井市白山町四丁目
昭和54(1979)年度　石の山 直径7m

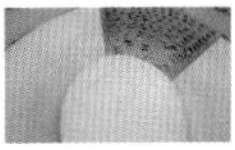
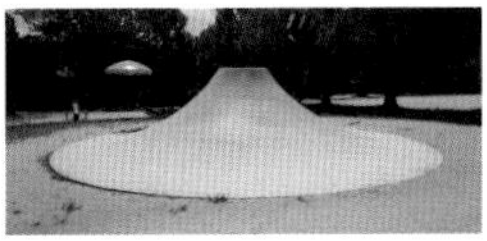

108

愛知県長久手市 後山公園《うしろやまこうえん》

Ushiroyama Park

長久手市の後山公園は、リニモのはなみずき通駅前にあります。このあたりは藤が丘からひとつながりの街なので、ここも名古屋市？と錯覚してしまいそう。名東区宝が丘公園の富士山もすぐ近所にあります。

愛知県長久手市桜作
昭和58(1983)年度

愛知県日進市 にしうしろ公園《にしうしろこうえん》

Nishiushiro Park

このあたりは日進市、天白区、名東区の境界が錯綜する地図好きには楽しいエリア。なぜか日進市側に富士山すべり台があるのも不思議です。プレイマウントBをベースに、鎖場、タラップ、玉石と山登り遊びを充実させることで、園内のパンダすべり台とうまく棲み分けています。

109

愛知県日進市梅森台五丁目
昭和56(1981)年度

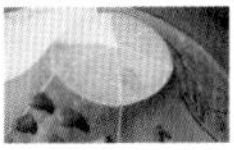
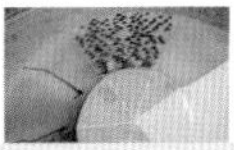

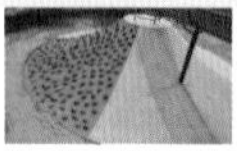

112

あいち健康《けんこう》の森《もり》公園《こうえん》

愛知県大府市

Aichikenkonomori Park

あいち健康の森公園にある大型遊具、この一部にプレイマウントが組み込まれています。「大芝生広場 子ども遊具」という名の遊具群で、山頂部分に鉄製のコイルトンネルがつながっていて別の遊具へワープ、といった複雑な動線が楽しめます。内田工業（株）製。

愛知県大府市森岡町九丁目
平成9(1997)年度　直径10m複合遊具

110

和合《わごう》ケ《が》丘《おか》中央《ちゅうおう》公園《こうえん》

愛知県愛知郡東郷町

Wagogaoka-chuo Park

薄い青に冠雪が見られます。直径9.5mは名古屋市のプレイマウントAよりも小さなサイズ。同じ頃に名古屋市でも直径8mのプレイマウントBを設計していたので、小さな富士山も必要とされたのでしょうね。

愛知県愛知郡東郷町和合ケ丘三丁目
昭和47(1972)年度　直径9.5m

県営《けんえい》東浦《ひがしうら》住宅《じゅうたく》

愛知県知多郡東浦町

kenei Higashiura-jutaku

県営東浦住宅のうち、すでに建替えられたエリアにできた遊具です。プレイマウントを念頭に創作したのか、急勾配の富士山型。手すりやゴムチップの安全対策が現代風に見えます。登りは大人でも恐怖を感じるほどの高さがあり、滑るほうも勢いよく着地、と何ともやりすぎた感が満載。

愛知県知多郡東浦町石浜三本松
平成19(2007)年度　直径11m

113

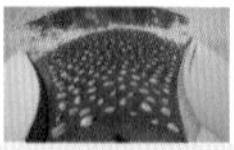

富田《とみだ》公園《こうえん》

愛知県東海市

Tomida Park

名古屋市以外での第一号。形に細かな違いはあるものの、直径12mはプレイマウントと全く同じです。図面を転用したのか、新規で作図したのかは分かりませんが、誕生からわずか2年ほどでコピーが造られたとは面白いです。

愛知県東海市富木島町伏見一丁目
昭和43(1968)年度

111

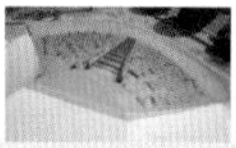

プレイマウント A 直径12m　プレイマウント B 直径8m　プレイマウント その他のサイズ

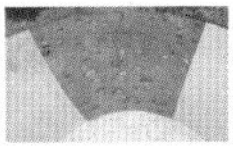

116

高根台中央公園《たかねだいちゅうおうこうえん》

愛知県知多郡阿久比町

Takanedai-chuo Park

こちらは阿久比町の高根台中央公園、小ぶりな玉石が特徴です。富士山の周りは砂場ですが現在は砂が入っていません。干上がったカルデラ湖みたいです。

愛知県知多郡阿久比町福住高根台
昭和56(1981)年度

岡田美里町公園《おかだみさとまちこうえん》

愛知県知多市

Okadamisatomachi Park

プレイマウントをベースにしたトッピング全部乗せタイプ。これだけパーツを揃えながら、安全な滑り面を120度の幅で確保しているという秀逸なレイアウトが見どころです。階段とトンネルを並行配置にしたうえでロープ、玉石、ネットがトンネル上に無理なく納まっています。

愛知県知多市岡田美里町
平成14(2002)年度

直径11m

117

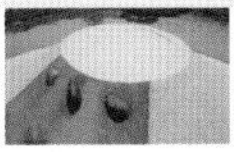

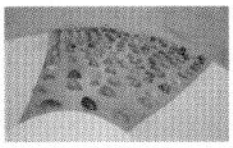

114

高根中央公園《たかねちゅうおうこうえん》

愛知県知多郡東浦町

Takane-chuo Park

阿久比町と東浦町にまたがった高根台団地・東ヶ丘団地にはプレイマウントが3つ集結しています。こちらは東浦町の高根中央公園、斜面が直線的であまり富士山っぽくは見えない、平べったいタイプ。小さな子でも駆け上がりやすい形です。

愛知県知多郡東浦町緒川東仙台
昭和56(1981)年度

高根南公園《たかねみなみこうえん》

愛知県知多郡東浦町

Takaneminami Park

このエリアに3つあるプレイマウントはどれも少しずつ形が違っているなかで、ここがいちばんシュッとした急勾配。泰明南荘や内田橋南第二公園などと似ているものの、冠雪模様はありません。

愛知県知多郡東浦町緒川東仙台
昭和58(1983)年度

115

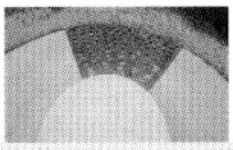

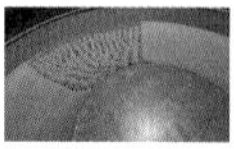

118

多屋公園《たやこうえん》

愛知県常滑市

Taya Park

現時点で最新の「プレイマウントA」タイプ。ぴかぴかでよく滑ります。セントレア対岸の丘の上に常滑多屋土地区画整理組合によって整備されました。第一号の吹上公園から数えて43年目に同一図面での新造とは、ものすごいロングセラー遊具ですね。

愛知県常滑市大鳥町四丁目
平成21(2009)年度

雁宿公園《かりやどこうえん》

愛知県半田市

Kariyado Park

雁宿公園につくられたピカピカに新しい富士山すべり台が、2018年4月に公園のリニューアルオープンに合わせて公開されました。直径14mで高さが3mという過去最大の富士山すべり台。登りが階段で山頂には手すり、といったすべり台の規準に見合った新作の登場です。

愛知県半田市雁宿町三丁目
平成29(2017)年度　直径14m

119

120

熊野公園《くまのこうえん》

愛知県岡崎市

KumanoPark

開園時に造られた築山遊具。人研ぎの滑り面に玉石、トンネル、タラップ、ステップ、ロープと盛り沢山のトッピングで独創的な構成のなかにもプレイマウントからの着想が各所に見られます。直径9mで高さは2.5mほどでしょうか、結構な急勾配で見た目以上に高さを感じます。

愛知県岡崎市六名一丁目
昭和54(1979)年度　直径9m

夕陽が浜東公園《ゆうひがはまひがしこうえん》

愛知県田原市

Yuhigahamahigashi Park

こちらは渥美半島、田原市の市街地から伊良湖岬へ向かう途中にも富士山すべり台があります。南国の雰囲気漂う公園の中心にあるのは、見てびっくり直径5mの超小型プレイマウント。なんとも可愛らしい小ささで、幼児でも遊べる安全仕様です。

愛知県田原市夕陽が浜
平成10(1998)年度　直径5m

121

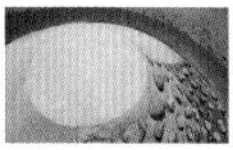

124

三重県四日市市

三本松公民館《さんぼんまつこうみんかん》

Sanbonmatsu Community Centre

名古屋市のプレイマウントの影響を受けつつ自前で図面を引いたような手作り感が魅力。周辺の土地改良によって造られた遊び場は平成2年度の完成で、園内は丸ポストや遊動木などが並ぶレトロスポットになっています。

三重県四日市市水沢町
平成2(1990)年度

直径11m

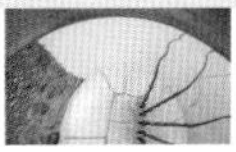

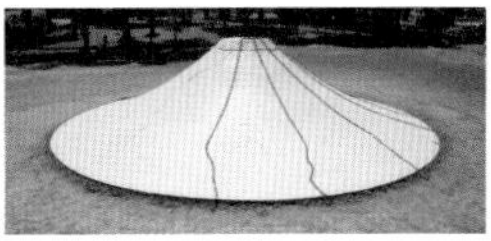

122

岐阜県瑞穂市

馬場公園《ばばこうえん》

Baba Park

プレイマウントBに鎖が5本追加されたここだけの独自仕様。登り面の玉石を寝かせて埋め込んであるのが特徴的ですが、これは鎖が引っかかって起こる事故を防ぐためかと思われます。山全体が鎖で磨かれ、いい感じの飴色になっています。

岐阜県瑞穂市馬場上光町二丁目
昭和55(1980)年度

三重県津市

泉ヶ丘団地児童公園《いずみがおかだんちじどうこうえん》

Izumigaokadanchi Children's Park

団地造成に合わせてつくられた富士山すべり台。形状は名古屋市のプレイマウントBと同じながら、ザラザラ面が広く、すべり台というよりは駆け上がって遊ぶタイプの遊具ですね。山頂部の丸みも相まって曲線美が際立って見えます。

三重県津市野田
昭和50(1975)年度

125

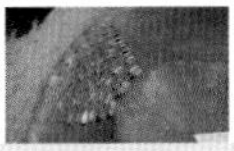

三重県桑名市

東谷第1公園《ひがしだにだいいちこうえん》

Higashidani-daiichi Park

ここ大山田団地には、大阪市タイプの「石山」や、名古屋市の「プレイマウント」、東京から普及した「登り滑り台」など、東西有名どころの遊具が建造されています。プレイマウントは独自設計の直径7m。砂場も併設されたオリジナル型です。

三重県桑名市大山田五丁目
昭和57(1982)年度

直径7m

123

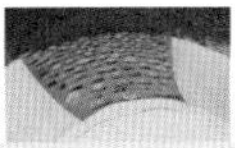

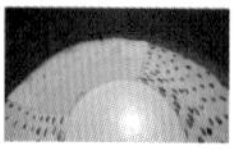

126

石川県加賀市

小菅波公園《こすがなみこうえん》

Kosuganami Park

　背後に黄金の観音像が屹立する、石川県加賀市にある富士山すべり台。名古屋のプレイマウントとは似て非なるもので、登り面が2ヵ所あるうえ上空から見て9m×7.5 mの楕円形。北陸で他にも同型遊具がないか現在捜索中です。

※令和2（2020）年8月現在、立入禁止

石川県加賀市小菅波町一丁目
昭和49（1974）年度　9m×7.5m

コラム

令和のスタンダードは柔らかな富士山？

　愛知県刈谷市の岩ケ池公園。刈谷ハイウェイオアシスに隣接する賑やかな公園に、新しい遊具がお目見えした。

　こちらはふかふかのウレタン素材で、プヨプヨした触感が気持ちいい。地元名古屋の内田工業（株）が令和元（２０１９）年に手掛けた最新のすべり台遊具だ。イボイボのコブまで柔らかく跳ね返る安心仕様で、さっそく子どもたちには大人気。令和のスタンダード遊具として、各地に普及するかも？

岩ケ池公園（愛知県刈谷市）

富士山すべり台はニッチな最高峰の登頂口

編集担当／大竹敏之（名古屋ネタライター）

富士山すべり台との出会いは２０１６年夏のことだった。鶴舞中央図書館で「発見！ 名古屋の富士山すべり台」なる写真展があり、講演も開かれるというので足を運んだのだった。

壁一面に２００点以上の富士山がびっしり貼り出された展示からは、撮影者の静かな熱意が発せられ、のどかな被写体とのギャップにくらくらした。あたかも群れになって泳ぐイワシが意思を持ったひとつの生命体のごとく見えるように、視界を覆いつくす富士山すべり台の写真には何かしらのメッセージ性が秘められているかのように感じられた。

ある写真家が「10年間撮り続けるとそれはアートになる」と語っていたが、やたらめったら数を集めるとそこにはコンセプチュアルなものが発生し、さらにその蒐集が粛々としていくほど、地道な継続性が際立ってきて、受け取る側も「これはいったい何なのだ？」と疑問や興味が湧いてくる。これは芸術表現に限った話ではなく、統計の基本でもあり、コツコツと積み重ねた数の集積は意味を持った情報に進化する。富士山すべり台の写真も、ひとつやふたつであれば〝ふ〜ん〟で済んでしまうところ、１００か所以上も見つけ出して撮り続けることで、それがつくられた理由や歴史的背景の輪郭がぼんやりと浮かび上がってくるのだ。

富士山すべり台の興味深いところは、大量につくられたことにあり、この富士山すべり台本の価値も、そのすべての記録を拾い集めたことにこそある。〝たくさん〟にはそこにいたる過程において絶対的な労力が不可欠であり、それはすなわち思いの結晶なのだ。

そしてもうひとつ面白いのは名古屋周辺にほぼ限定されているという地域性。今は旅でも食でも、ローカルであることに価値を見出そうとする気運が高まっていて、限られた場所にしかないというのはそれだけですなわち希少価値がある。そこに産業や都市開発などとの関係性にまでつながる考察が加われば、地域の文化としての意義も生まれてくる。

つまりは〝何でこんなにあるの？〟〝何で名古屋にだけあるの？〟と疑問を誘うところに富士山すべり台の興味深さがある。そして、それを可能な限り解き明かそうとすることで知的好奇心をくすぐるのが、この富士山すべり台をまとめた記録の面白さとなるわけだ。

さらに、この富士山すべり台研究が不思議な共感を呼ぶのは、対象が（名古屋の人にとっては）きわめて身近である分、「自分も何か究められるんじゃないか？」と、研究という行為をカジュアルなものにしてくれているからではないかと思っている。

そう。あなたの周りにも、あなたにとっての「富士山すべり台」的なるものがあるはずなのだ。インターネットやSNSの普及によって実現された、誰でも気軽に趣味の成果を発表でき、ニッチな分野においてはてっぺんに登り詰めることだって不可能ではない〝一億総第一人者時代〟。富士山すべり台はその典型的なモデルケースであり、多くのマニアックな趣味人を誘う、数限りないニッチな最高峰への登頂口なのだ。少なくともそれは、なかば無理やり引っ張り出される〝一億総活躍社会〟なんかよりも、ずっと主体的で楽しそうな気がしないだろうか。

これも富士山すべり台？

名古屋市における「プレイマウントの影響圏」はどこまで広がっているのか？　名古屋に見られる富士山っぽい遊具あれこれ

番外① とだがわこどもランド　きりふき山

愛知県名古屋市港区春田野一丁目／平成7（1995）年度

とだがわこどもランドの水遊びエリア、じゃぶじゃぶ池のなかにあるのが「きりふき山」。足首ほどの深さの水場で、夏は係員が常に遊びの指導をしている。みな普段着のまま繰り返しすべり台遊びに熱中する大人気の施設だ。

とだがわこどもランド　きりふき山

番外② 大高緑地

愛知県名古屋市緑区大高町砦前／昭和54（1979）年度

大高緑地は愛知県営の広大な公園。恐竜推しな園内やレトロな施設など見どころも多い。公園西側の恐竜広場近くにあるこの大型コンクリート遊具は、富士山のエッセンスが見え隠れするなんとも不思議な造形。この一角は昭和54（1979）年の国際児童年にあたって愛知県で「親と子で考える児童公園」案の募集を行った際に、優秀作品として選ばれたもの。入選作には富士山すべり台の姿があり、これを造園家がデザインしなおして、現在の遊び場が出来上がっている。

大高緑地（名古屋市緑区）

番外③ 本塩荘

愛知県名古屋市南区浜田町四丁目／昭和58（1983）年度

かつて『がんばれ!! ロボコン』の後番組で『ロボット110番』というのがあった。大好きなロボコンが最終回になって次の番組を大いに期待していたのに、主人公ロボットの見た目が茶筒みたいな円筒形のロボコンで、そのパチモン感にたいへんズッコケた覚えがある。これはその四角いロボコン。

確かに富士山の形をしていて、玉石で登ることができて、間違っちゃいないけどこれ全然ちがうよね、という。私こういうの大好き。

元塩荘（名古屋市南区）

番外④ 庄内緑地

愛知県名古屋市西区／平成4（1992）年度

さすがにこれはすべり台ではなく、噴水みたいなもの。もしかしたら富士山をデザインしたのではなく、あふれ出る泉をイメージしたのかも。でも名古屋市の公園なんだもの、富士山に見えるよね。夏はこの噴火口で水遊びをする子どもがいっぱい。

庄内緑地（名古屋市西区）

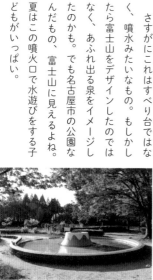

番外⑤ 潮見が丘公園

愛知県名古屋市緑区潮見が丘二丁目／昭和48（1973）年度

ゆがんだ富士山遊具。連なる山と小さな家がワンセットで、大きさは幼児向けぐらい。斜面が急なのですべり台ではなさそうだ。

これと全く同型の遊具が神戸市須磨区の高倉台団地にあるので、遊具メーカーが手掛けたものかと推測はできるものの、はなのき公園（愛知県春日井市）の富士山と似ているのも気になるところ。できたのは3つとも同時期なのだ。

潮見が丘公園（名古屋市緑区）

高倉台団地（神戸市須磨区）
昭和 47（1972）年頃の設置

番外⑥ 県営鳴浜住宅

愛知県名古屋市南区鳴浜町四丁目／昭和55（1980）年度

番外⑦ 県住宅供給公社当知東住宅

愛知県名古屋市港区入場二丁目／昭和52（1977）年度

裾野が広がっていないので「富士山すべり台」ではないけれど、これも名古屋市内にある。

県営住宅や公社賃貸住宅のように事業者が異なると、児童遊園の遊具も変わってくるもので、スタンダードな築山遊具の例としてここに紹介する。

県営鳴浜住宅（名古屋市南区）

県住宅供給公社当知東住宅（名古屋市港区）

〝石の山〟から〝クライミングスライダー〟へ

名古屋市の量産型コンクリート遊具

名古屋市では昭和40年前後から標準図面によるコンクリート遊具の大量生産に取り掛かっている。当時は高度経済成長の真っ只中、宅地の造成とともに新しい公園の設置が増えていたためで、また在来の公園の老朽化し破損した遊具を置き換える意図もあったとみられる。コンクリート遊具は当時の花形であり、それまでにも名古屋市では数点つくられてはいるものの、どれも一点物で数としては到底足りない状態であった。一つの図面から同じ遊具を大量生産するケースは、鉄製遊具のような工場内で製造する例が多く、現場でひとつひとつ施工するコンクリート遊具としてはそれまであまり見られなかったもの。「石の山」「クライミングスライダー」「プレイマウント」という3種類の築山型遊具はこのときに設計され、昭和40年代に一気に普及した。ここでは名古屋市で量産されたコンクリート遊具について、代表的なものを紹介する。

石の山

名古屋市のコンクリート遊具で真っ先に量産を始めたのが「石の山」。昭和39年度の航空写真において、木ケ崎公園、牧野公園、細米公園、本宮公園、元柴田公園の5ヵ所で確認できる。昭和44年頃まで年間10基以上のハイペースで建造され、名古屋市における公園遊具近代化の立役者となった。昭和40年代のうちに製造は打ち切られたようで、名古屋市では83基がつくられ、37基が現存している（航空写真による独自調査）。

もともとのオリジナルは昭和34年に入谷南公園（東京都台東区）につくられた池原謙一郎設計の「石の山」。その斬新さからセンセーショナルな話題になった記念碑的な公園遊具で、日本各地に数多くの類似品がつくられた。

一つ山第一公園（名古屋市天白区）。この形の「石の山」は全国各地にあるが、特に名古屋市で多くつくられた

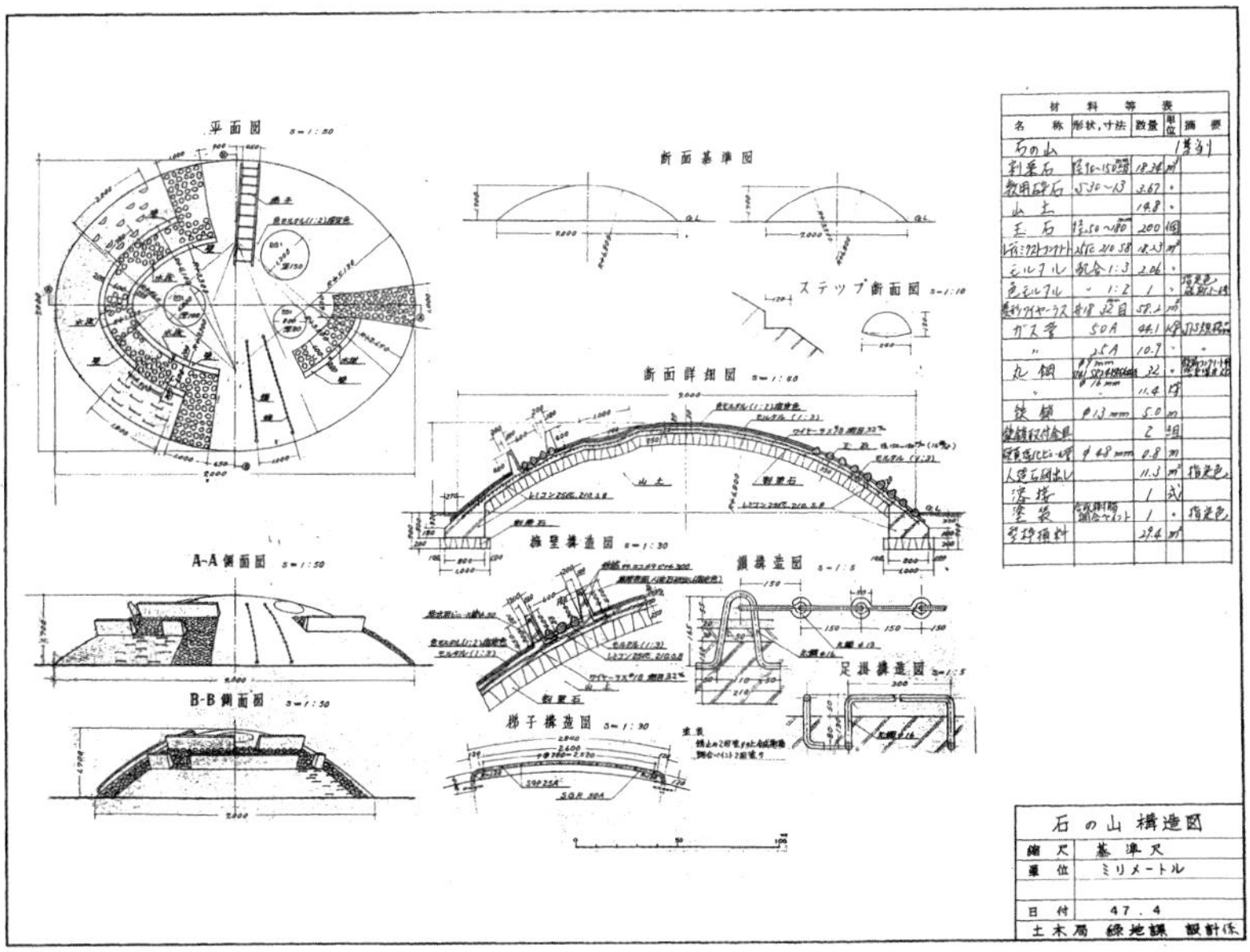

名古屋市版「石の山構造図」（提供　名古屋市緑政土木局）

名古屋市では入谷南公園の図面をほぼそのまま転用したうえで、オリジナルの大きさ11m×8・6m、高さ2mを、大きさを9m×7m、高さ1・7mに縮小して導入している。側面に鉄製のハシゴが追加されているのが名古屋市タイプの特徴。この名古屋市タイプの石の山は愛知県内にも広まり、豊川市の曙公園、蒲郡市の若宮公園と大坪公園、西尾市の桜町公園、刈谷市の若松公園、春日井市の春見公園、小牧市の桃花台第2公園でも見られる。

名古屋市の「石の山」には他にも、すべり台が追加されたもの、上から見て円形のもの、大型化した「石の砦」など複数の亜種が存在している。

ハシゴとすべり台を併設した西之杁公園（名古屋市天白区）の石の山

現存わずか４ヵ所、石の砦は石の山の発展形か？古沢公園（名古屋市中区）

クライミングスライダー

昭和41年度の航空写真で、栄公園、桜田公園、二女子公園の3カ所が確認できる。昭和40年4月以前の航空写真では確認できないので、「石の山」より2年ほど遅く生まれたようだ。こちらも昭和46年頃まで年間10基以上のペースで建造されている。「クライミングスライダー」は市営住宅の遊び場に多く設置されているのが特徴で、製造終了も「石の山」より10年ほど遅い。名古屋市では１０９基つくられ65基が残存している（航空写真による独自調査）。

道間公園（名古屋市西区）のクライミングスライダー

もともとの原型は鉄砲洲児童公園（東京都中央区）などにつくられた「クライミングスライダー」で、すり鉢状の大きな皿のような遊具。このタイプもさまざまな形にアレンジされて、日本各地に波及した。とくに名古屋市や大阪市で顕著にみられ、大阪市で

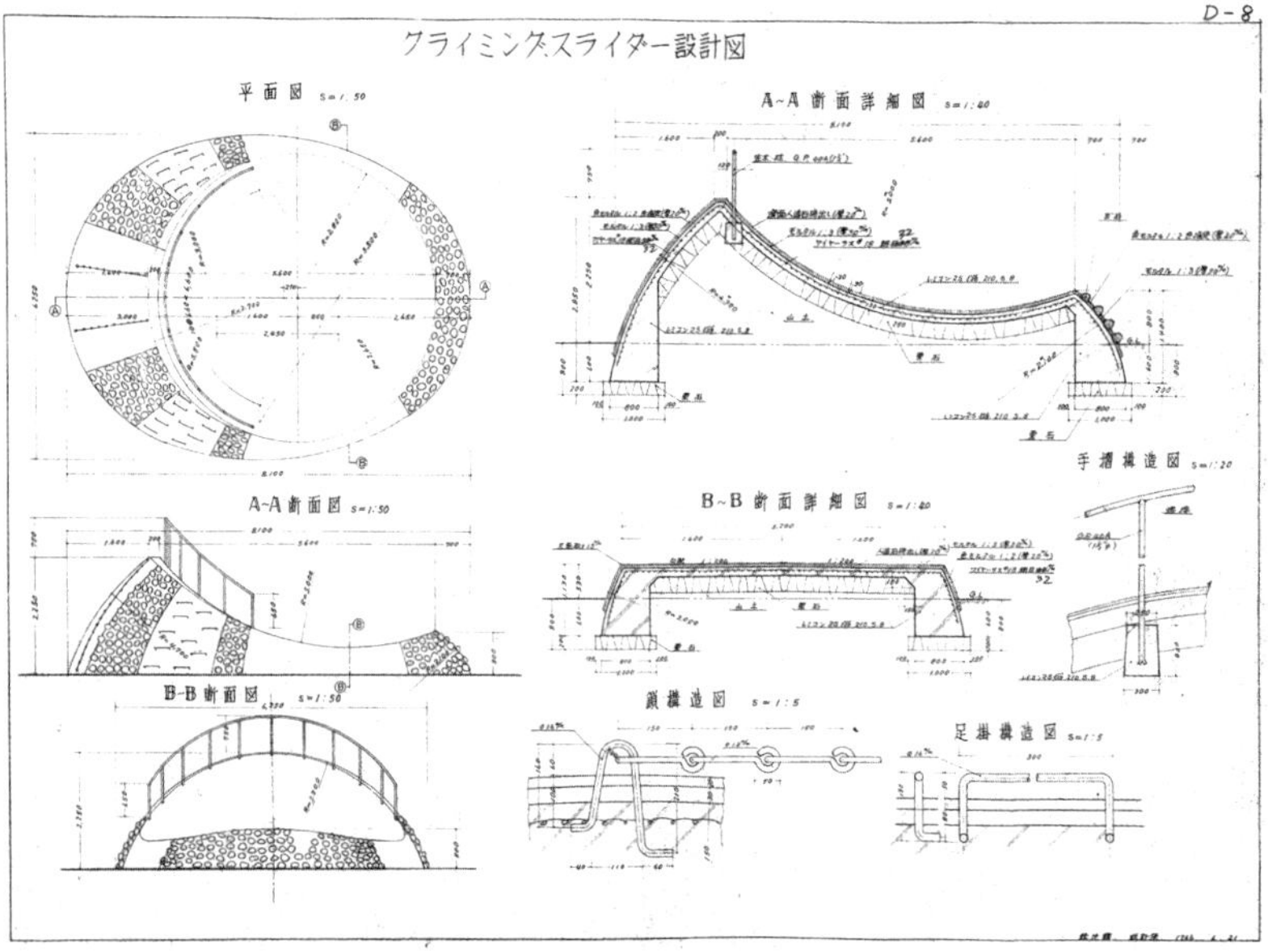

「クライミングスライダー設計図」（提供　名古屋市緑政土木局）

は「クライミングスライダー」という同名の規格型遊具が現在およそ50カ所ほど残る。

　名古屋市でも独自の図面を作成し、大きさ8・1m×6・25m、高さ2・25m（手すり除く）の卵型にデザインされた可愛らしい形に仕上がっている。側面のペンキ塗装が公園ごとに違っているのが個性的。こちらもいくつか名古屋市外に波及したようで、確認できたものでは弥富トレーニングセンター内の調教関係者住宅駒野団地（愛知県弥富市）に1基、岐阜県可児市の緑ケ丘に2基つくられている。

市営住宅には小型サイズも。西稲永荘（名古屋市港区）

鉄砲洲児童公園のクライミングスライダーは解体されたが、同型遊具が岡山市の東中山下公園にある。

プレイマウント

昭和41年度に造成中の吹上公園でつくられたのが第一号で、時期としては「クライミングスライダー」よりわずかに遅い。設計は名古屋市役所職員の中村繁己。

　富士山型のシルエットは名古屋市独自のもの。斜面がまっすぐな築山すべり台と比べて、山頂付近が急斜面で裾野がなだらか、というスリルと安全を両立させたデザインが遊具としての高い完成度につながった。この形を採用した理由は、名古屋市にも記録が残っていないため分かっていない。また市役所ではこれを富士山と認識しているわけではなく、あくまで「プレイマウント」と呼んでいるとのこと。確かに図面には富士山を思わせる記述は何ひとつ書かれていない。

　「プレイマウント」は主に大小2種類があり、直径12m高さ2・5mの大型サイズは「プレイマウントA」、直径8m高さ1・7mの小型サイズは「プレイマウントB」となっている。導入当

吹上公園のプレイマウントに鎖場とラダーがあった頃　2000年撮影

荒越公園（名古屋市中川区）にあったラダー

初はすべて大型で、小型サイズの登場は昭和46年頃とみられる。

名古屋市外にも図面は転用され、各自治体が独自にアレンジを加えたケースも多い。

吹上公園の「プレイマウント」には山頂から鎖が一本吊られていたほか、ラダー（雲梯）が併設されていた。ラダーの併設は吹上公園のほかにも中区の池田公園、中川区の荒越公園と昭和橋公園、港区の善北公園でみられたが、現在はすべて撤去されている。最後まで残っていたのが荒越公園で、昭和47年の開園当初からあったものが、平成29年の秋にラダーのみ撤去された。使用期間45年は鉄製遊具としてかなりの長寿命と言える。

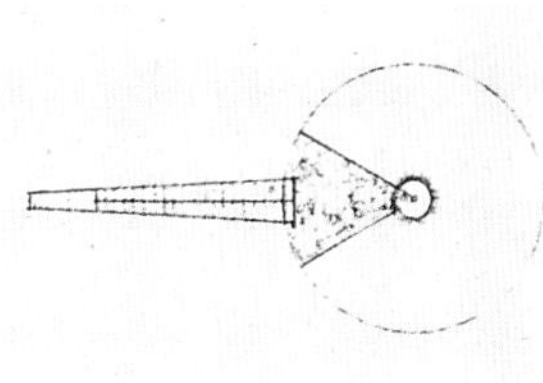

「稲葉地公園計画図」に記載されたラダー併設のプレイマウント（稲葉地公園では実現せず）　名古屋市市政資料館蔵

砂場

プレイウォールと砂場を一体化させた遊具で、名古屋市内に広まった。その第一号は中区の仲ノ町公園で、昭和37年頃に建造されたもの。ただし量産されたのは少し遅れて昭和40年代からで、10年足らずの間に40カ所が建造され18カ所が残っている（航空写真による独自調査）。

二ツ池公園（名古屋市千種区）

ウォールスライダー

他の規格型遊具とは違い、その場の地形に応じてつくられたすべり台。名古屋市東部の丘陵地だけでなく、平地であっても人工の盛土につくられた例がある。細長いものから幅広までさまざまな形があり、なかには富士山すべり台を連想させるデザ

茨木第一公園（名古屋市瑞穂区）

汁谷第一公園（名古屋市千種区）

インも。

名古屋市緑政土木局の年刊『みどりの年報』には遊具数の統計が記載されているが、近年ではウォールスライダーがクライミングスライダーと合算されているので、この統計を読むには注意を要する。

登り滑り台

これも日本各地に普及した遊具。昭和35年3月発行の雑誌『都市公園』に図面入りで掲載された記事がおそらく初出。紙面には「八月末頃竣工の予定」とあるが、第一号はどこにつくられたものだろうか？設計は日本住宅公団の館野茂夫。

「登り滑り台」は日本各地で多彩な派生形を生んだ。名古屋市では都市公園のほか、どんぐりひろば、県営住宅、団地などさまざまな場所につくられている。その多くが昭和40年代建造で形も似ているが、昭和54年入居開始の県営川中住宅のように裾野がなだらかなタイプも存在する。

（文中敬称略）

県営川中住宅（名古屋市北区）

元田町どんぐりひろば（名古屋市中区

富士山すべり台を
撮る

絵画や写真の題材として多くの芸術家を魅了してきた名峰・富士（本物の方）。富士山すべり台もまた、（ごく一部の）名古屋独自の景観を表現するには格好の被写体。世界で唯一の富士山すべり台写真家・牛田吉幸が、より美しく撮れるノウハウを伝授します！

時間は太陽が真上にあるお昼ごろがベスト

まずは富士山のまわりをぐるっと一周。背景となる公園周りの環境も含めて即席ロケハンします

稜線のシルエットがきれいに出るアングルが望ましい。電柱などが富士山からにょきっと出たりしない位置を探します

ポイントは季節と時間、背景です

「富士山そのものを美しく撮影するには、**太陽の位置と子どもがいないこと**、この2点がポイントです。**ベストな時間帯は正午ごろ。**太陽が真上にあるので、富士山に360度光が回って、影もできずきれいに色が出ます。朝夕だと陽が当たっていない場所ができ、その部分は色がにごってしまいます。夏至の前後の陽が高い時期が、きれいに撮れる時間が長いので撮りやすい。ただし、陽気がいいと子どもたちがたくさん

すべり面と…

玉石のある登り面の両面を撮影すると富士山の表情に変化が出て記録性もアップします

山頂からの眺めや山頂の状態も確認するために登ります

表面の質感や処理もさわってチェック

表面はカラーモルタルなのかペンキ塗装なのか。後で写真を見ても判別できないので現場で確認します

最後に必ず滑ります

遊んでいるので、人気のある公園では、**平日、猛暑日、お盆の頃が人が少なくてお薦め**です。

富士山だけについ注意が行ってしまいがちですが、**大事なのはむしろ背景**です。**植栽や日陰など暗い場所**が背景になると富士山の稜線がきれいに浮かび上がります。ここでもやはり**晴天が多く、緑が濃い夏の時期がベスト**です。逆に、てっぺんから電柱や木がにょきっと生えているように見えてしまうアングルは避けましょう。また、人家や人がなるべく入らないようにしたり、特に人家がある場合は**洗濯物は写さない**など、プライバシーへの配慮も必要です。

逆に子どもたちが遊んでいる姿を撮りたい場合は、**先にてっぺんに登って待ち構える**と、楽し気な表情をとらえることができますよ」

各都市のコンクリート築山遊具

プリン山（主に首都圏）

富士山すべり台とよく似た遊具に「プリン山」がある。主に首都圏の団地や公園にみられるもので、360度どこから見てもツルツル斜面なのが特徴。なだらかに弧を描く富士山すべり台とは違って、直線的な斜面で構成されており、その姿が皿に盛ったプリンのように見えるので、通称「プリン」「プリン山」と呼ばれている。斜面がたいへんすべりやいので、駆け上がって山頂まで登るほかなく、見た目以上に難度は高い。

多くは首都圏に分布しているものの、近畿地方でも武庫川団地（兵庫県西宮市）や男山団地（京都府八幡市）につくられているので、日本のどこかにはまだ知らないプリン山があるのかも。

プリンに似せたカラーリングも一部に存在　県ドリームハイツ（横浜市戸塚区）

案内板に書かれた遊具の名前は〝ツルツルお山のおすべり〟仙台堀川公園（東京都江東区）

タラップで登りやすくしたタイプ　UR高島平団地（東京都板橋区）

団地再生プロジェクトで生まれた最近の施工例　UR花畑団地（東京都足立区）

近畿地方のプリン山は珍しい　UR武庫川団地（兵庫県西宮市）

大阪市の築山遊具

同じ形の築山遊具が大量に普及している点では、名古屋市と大阪市は二大巨頭と言っていい。大阪市に多くみられる築山遊具は「クライミングスライダー」と「石山」の二種類。

「クライミングスライダー」は凹面鏡を斜めに寝かせたような形をしており、名古屋市版「クライミングスライダー」が巨大化した感じ。全体の大きさが直径9mの円形で、傾斜した皿のようなすべり面も直径6・2mの円形で構成されている。高さ2・5mは名古屋市のプレイマウントAと同じで、登ってみると見た目以上に恐怖。比較的大きな公園につくられており、現在でも大阪市内に50カ所ほど点在している。

「石山」は直径が6・4mの小型遊具。高さが1・4mと小さく小学生には物足りないかも。小さな街区公園のほか、市営住宅に多くつくられているのが特徴で、形が少々違うタイプも含めて、大阪市内に150カ所ほどが分布している。

典型的な大阪市のクライミングスライダー　今津東公（大阪市鶴見区）

典型的な大阪市の石山　中川公園（大阪市生野区）

これは珍しい形。たこ焼き器のようなボツボツ　磯路中央公園（大阪市港区）

ひとつひとつ微妙に形が違う　旭北公園（大阪市西成区）

なんとクライミングスライダーと石山が合体！　友渕住宅（大阪市都島区）

補修でトンネルが埋められたケース　小松公園（大阪市東淀川区）

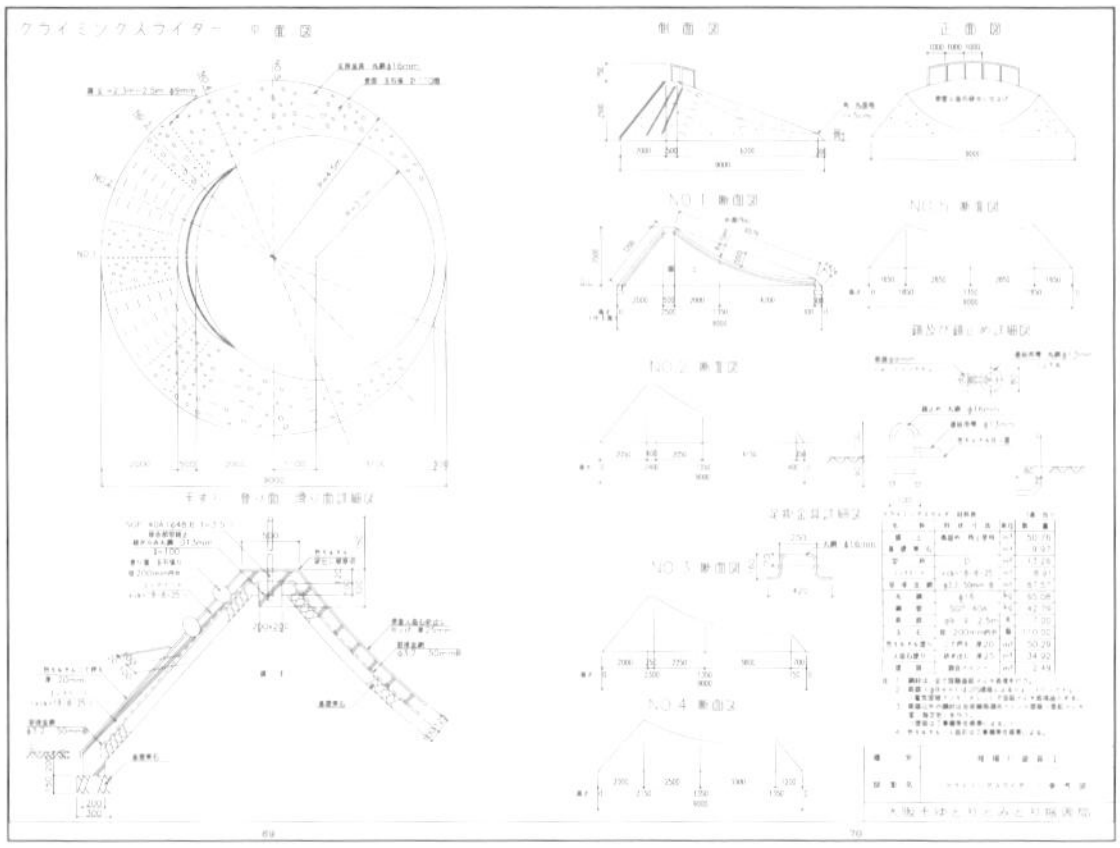

クライミングスライダー　公園工事標準図面集　大阪市　建設局企画部工務課

京都市の築山遊具

京都市もコンクリート遊具の多い町、その中でもとくにユニークなのがこちら。

主に砂場の真ん中にあって、大人が見下ろせる高さの幼児向けサイズ。四面それぞれに違う顔がついていて、目、鼻、口が足場の役割を果たしているあたりは、とてもよく考えられている。真っ白な表面はつるつるで、すべり台としても遊べ、裾野が末広がりにつくられている点では、富士山すべり台とも似ている。この遊具、京都市内に何ヵ所かあるので、ぜひ探してみてほしい。

邪悪というか不気味というか　富小路殿公園（京都市中京区）

こちらは四面とも楽しげ　桂巽児童公園（京都市西京区）

カラフルな塗装が楽しい　春吉公園（福岡市中央区）

福岡市の築山遊具

福岡市に点在するのがこのカメ遊具。入谷南公園の「石の山」から派生しており、円形の「石の山」に頭部やヒレ、すべり台の尻尾や潜水艦の艦橋まで盛りだくさんにトッピングされた、福岡市を代表するコンクリート遊具だ。市内にはこの形以外にもカメをモチーフにした遊具が複数あるのが興味深いところ。比較的新しいもので平成15年にできた姪浜明治通公園のカメは、ボディ形状がどことなく大阪市の「石山」っぽい。遊具にも関東風、関西風なんて特徴があったら楽しそう。

福岡市では水辺の生物をモチーフにした遊具が目立つ

カメでもありメカでもあり　紅葉山公園（福岡市早良区）

両側面にある細い階段とすべり台が大阪市の石山っぽい　姪浜明治通公園（福岡市西区）

ぐるり周遊 富士山すべり台ツアー

厳選!!

富士山すべり台ツアー① 名古屋市

「伏見～大須 名所・名物もりだくさんコース」

地下鉄 伏見駅
↓ 3分
仲ノ町公園
↓ 3分
白川公園
↓ 10分
裏門前公園
↓ 10分
地下鉄 大須観音駅

名古屋の中心部で富士山すべり台、プレイスカルプチャー（遊戯彫刻）をめぐる。

市内一のオフィス街・伏見から白川公園をへて人気エリア・大須へ。周辺には名古屋めしの人気店などのグルメスポット、科学館や美術館などのカルチャースポットとオプションの選択肢にも事欠かない。

地下鉄伏見駅は名古屋駅から地下鉄で一区間。「名古屋に着いて1時間空いてるけどどうしよう?」という時にもお薦めしたい、名古屋&富士山すべり台ビギナーにもうってつけのコース。

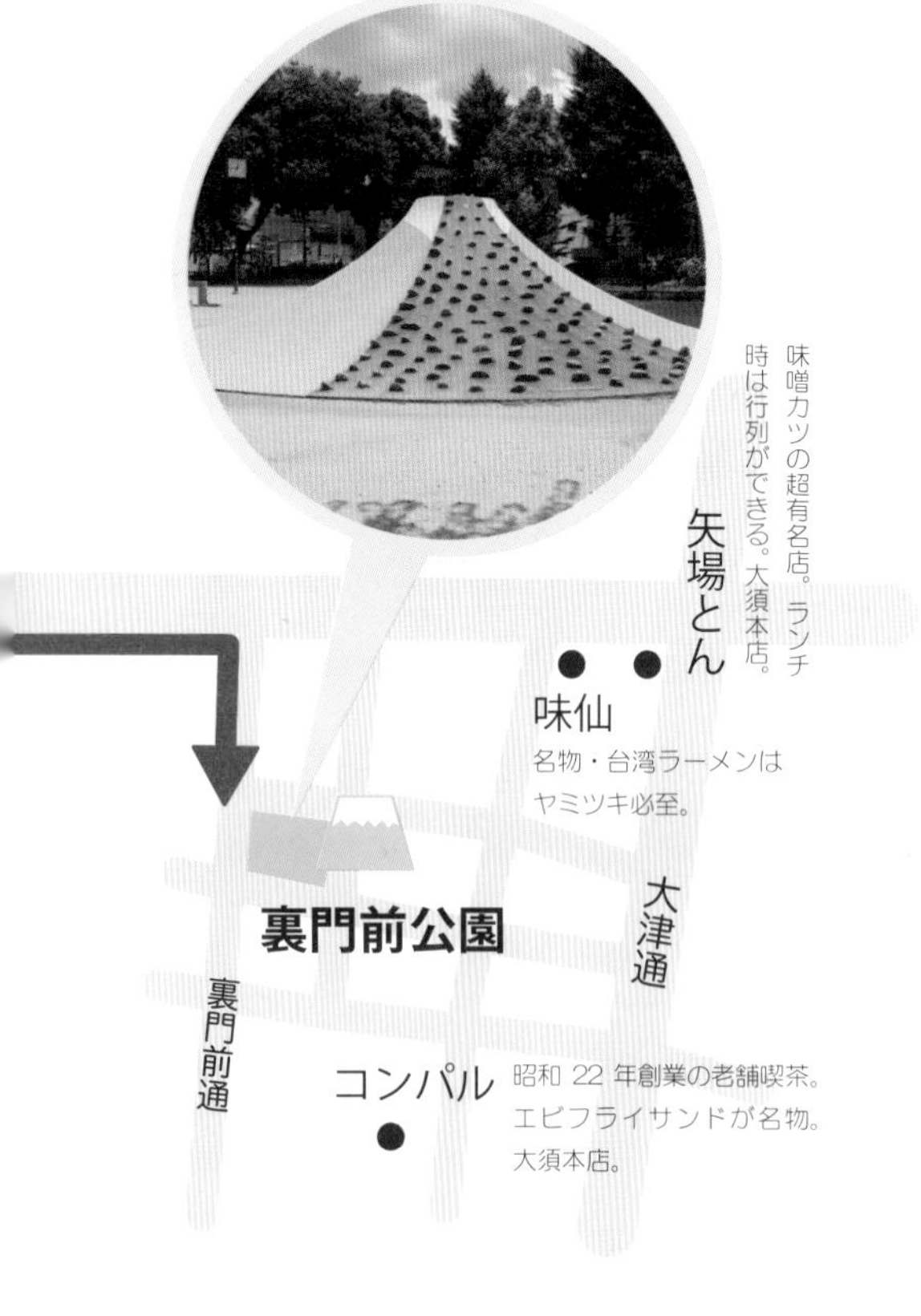

矢場とん
味噌カツの超有名店。ランチ時は行列ができる。大須本店。
味仙
名物・台湾ラーメンはヤミツキ必至。
大津通
裏門前公園
裏門前通
コンパル
昭和 22 年創業の老舗喫茶。エビフライサンドが名物。大須本店。

仲ノ町公園（名古屋市中区栄 1-27）
プレイマウント A

オフィス街・伏見の一角にある古株の富士山。公園は近隣のビジネスマンがキャッチボールしたり弁当を食べたりする姿も見られる都心の隠れ場。

白川公園

名古屋の中心部に９万m^2の敷地を擁し、園内に名古屋市科学館、名古屋市美術館がある。東側が子どもの遊び場になっていて、そこに巻貝型のプレイスカルプチャーが。昭和 36（1961）年頃に名古屋市科学館の新設にあわせて設置されたと思われる遊具で、北欧の影響が強く出ている。すぐ近くにはコンクリート製の地球の彫刻もあり、こちらは名古屋青年会議所寄贈。

裏門前公園（名古屋市中区大須 3-3）
プレイマウント A

大須商店街の裏通りにある公園。ここからは地下鉄の矢場町や上前津駅に抜けたほうが近い。トイレがあり木陰で休めるので、休憩スポットとして活用しよう。

← 名古屋駅
名古屋市営地下鉄
東山線
栄 →
錦通
伏見
広小路キッチンマツヤ
味噌カツがおいしい老舗洋食店。
広小路通
御園座
2018年に新装した歌舞伎劇場。1階の複合店舗「御園小町」では名古屋みやげも多数。
男前パスタ
あんかけスパゲティ専門店。ハンバーグなどのトッピングで豪快に！
三蔵通
伏見通
名古屋市科学館
世界最大級のプラネタリウムが目玉。竜巻ラボなど体験施設も面白い。
本町通
消防署・
歩道橋
仲ノ町公園
名古屋市美術館
郷土の美術家とパリ、メキシコの作品を中心に所蔵。建物は黒川紀章作。
白川公園
若宮大通（100m道路）
道が広いといわれる名古屋の象徴。中央は公園になっている。
【大須商店街】
"日本一元気な商店街"。ごった煮の町ともいわれグルメ、サブカルなど 1300 店舗がひしめきあう。
大須観音
大須観音
名古屋開府間もない 1612 年に現在の地に移された"日本三大観音"のひとつ。
名古屋市営地下鉄
鶴舞線

富士山すべり台ツアー② 小牧市

「桃花台ニュータウンすべりまくりコース」

愛知県小牧市の桃花台ニュータウン内に点在する公園4か所を回る。各公園とも遊具が充実していて、ターザンロープ、複合すべり台、ザイルクライミング、海賊船型複合遊具などバラエティ豊か。丘陵地の勾配を活かしたロングスライダーも何本もあるので、富士山すべり台以外でもすべりまくれる。

途中、仰ぎ見るのは廃線になったピーチライナーのループ線。富士山すべり台ファンだけでなく、団地好き、廃墟好き、乗り物好きなど様々なマニアの琴線にふれる盛りだくさんのコースだ。ちなみに4つの富士山すべり台はベージュやグレーなどいずれも渋い色合い。

桃花台中央公園
↓5分
城山第1公園
↓5分
桃花台第1公園
↓5分
桃花台東駅跡
↓10分
桃花台第4公園
↓5分
桃花台中央公園

海賊船型複合遊具。こちらのすべり台なら小さな子どももすべれる。

スピード出しすぎに注意！

ロープ式のジャングルジム、ザイルクライミング。かなりスリリング

桃花台第4公園

桃花台中央公園（愛知県小牧市城山二丁目）プレイマウントA　広大な芝生広場はじめローラースライダーなど遊具も多彩。富士山すべり台は周囲に人工芝が貼られ、安全対策も十分。駐車場もあり、隣接するショッピングモールで食事もとれるので、ツアーの起点に。

城山第1公園（愛知県小牧市城山五丁目）プレイマウント 直径9m　一見狭い公園に見えるが実は2段構造になっていて、富士山すべり台の横のジャングルジムに連結した超ロングなすべり台で下のスペースへ移動できる。

桃花台第1公園（愛知県小牧市城山四丁目）プレイマウントA　見晴台と連結したロングスライダーやターザンロープ、複合すべり台と高低差を存分に活かした公園。大勢で遊ぶ時は富士山すべり台と上方の城を陣地にして陣取り合戦するのも楽しそう。

桃花台第4公園（愛知県小牧市光ケ丘三丁目）プレイマウントA　ピーチライナーの車庫跡地横に広がる野球のグラウンドもある広々とした公園。富士山すべり台を囲むように海賊船型複合遊具、ロングスライダー、ザイルクライミング、バスケットコートがあり、幼児をはじめ幅広い年齢層の子どもが遊べる。

【桃花台ニュータウン】

小牧市東部、2km 四方の丘陵地に位置する。昭和 55 年入居開始。現在は約２万 5000 人が入居する。

S字カーブの連続も楽しいローラースライダー。お尻するむけに注意！

桃花台中央公園

城山第１公園

超ロングなすべり台。滑り面は何とコンクリート研ぎ出し。

遊歩道

中央自動車道

遊歩道

← 小牧ＪＣＴ

狭い滑り面。お尻の大きな大人は厳しいかも

155

桃花台第１公園

旧・桃花台線ループ線

名鉄小牧線小牧駅と桃花台東駅間 7
4km を結んでいた桃花台線（ピー
ライナー）。高架の上を走る新交通
ステムだったが、運行期間 1991
2006 年とわずか 15 年で廃止。現
は駅も取り壊されてループ線が印
的な高架線路のみが残されている。

富士山すべり台ツアー③　名古屋市

「笠寺界隈 南区6山縦走コース」

名鉄・本笠寺駅を起点に南区を散策。6つの公園をはしごして、富士山すべり台5山+石の山&クライミングスライダーのコンクリート遊具を堪能する。

コース上には、グーグルのストリートビューにも出てこない細く勾配のある路地があり、屋根には鍾馗様の瓦も見つかる。さらに、東海道の面影をしのぶ市内に現存する唯一の一里塚、古代・弥生時代の遺跡を観られる見晴台考古資料館などがあり、名古屋の古代から近世までの歴史スポットを巡る楽しさもある。

名鉄 本笠寺駅
↓5分
粕畠公園
↓10分
白雲公園
↓10分
芝公園
↓5分
笠寺公園
↓5分
杓子田公園
↓10分
桜公園
↓5分
名鉄 桜駅
または
地下鉄 鶴里駅

杓子田《しゃくしだ》公園（名古屋市南区明円町）プレイマウントA
住宅地にあって落ち着いた雰囲気。

芝公園（名古屋市南区芝町）プレイマウントB
名古屋市立笠東小学校に隣接、子どもたちの声が賑やか。

白雲公園（名古屋市南区白雲町）プレイマウントB
笠寺一里塚のすぐ近く。小さな富士山がお出迎え。

桜公園（名古屋市南区元桜田町二丁目）プレイマウント A

こちらも高低差のある公園。狭いスペースに大きな富士山が鎮座している。

笠寺公園（名古屋市南区見晴町）プレイマウント A

笠寺台地の高低差をうまく活かした名古屋市有数の美しい公園。季節の花や紅葉など一年中楽しめる。見晴台考古資料館や高射砲跡など地域の歴史にも触れてみよう。

粕畠《かすばた》公園（名古屋市南区粕畠町一丁目）

名鉄電車が目の前を走る公園。特急から普通列車まで次々にやってくるので、鉄道好きにはぴったり。

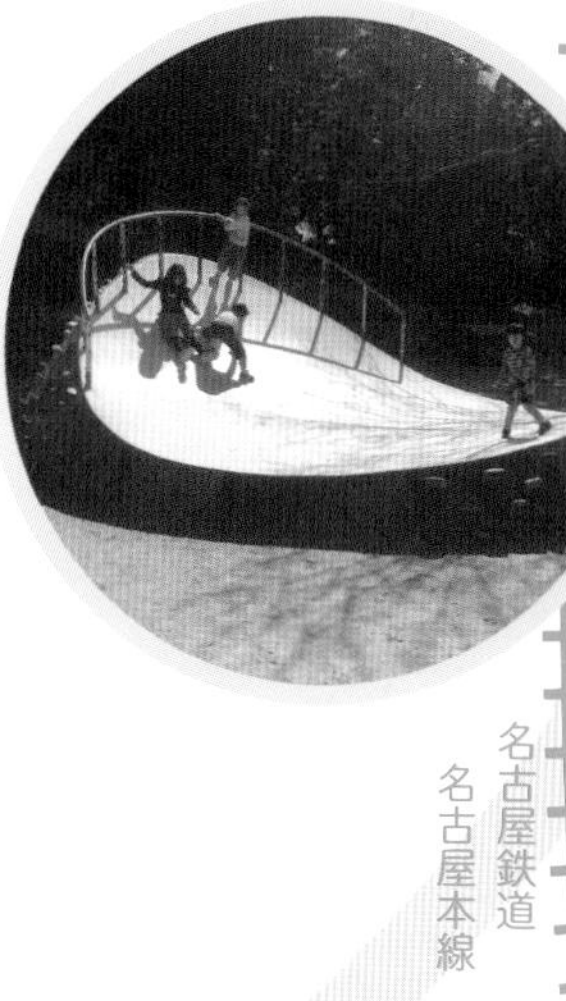

「櫻木公園」と彫られた門柱が残る。

桜木公園

名古屋市独自のデザイン「ハードディスク型」公衆トイレ。

南押切公園

ノリタケの森

株式会社ノリタケカンパニーリミテドが本社に隣接する工場跡地につくった企業文化施設。「ボーンチャイナ」の製造工程やミュージアム、煉瓦造りの建物や落ち着いた庭園など、じっくりと散策が楽しめる。

外堀通

早苗公園

名駅通

早苗公園（名古屋市西区名駅二丁目31）

ゾウのすべり台とクライミングスライダー

名駅エリアのビル群を望む、知る人ぞ知る都市公園。遊具のほかにもベンチやトイレ、自販機などがあり、緑に囲まれた、ほっと一息つける場所になっている。

ＪＲ名古屋

名鉄名古屋

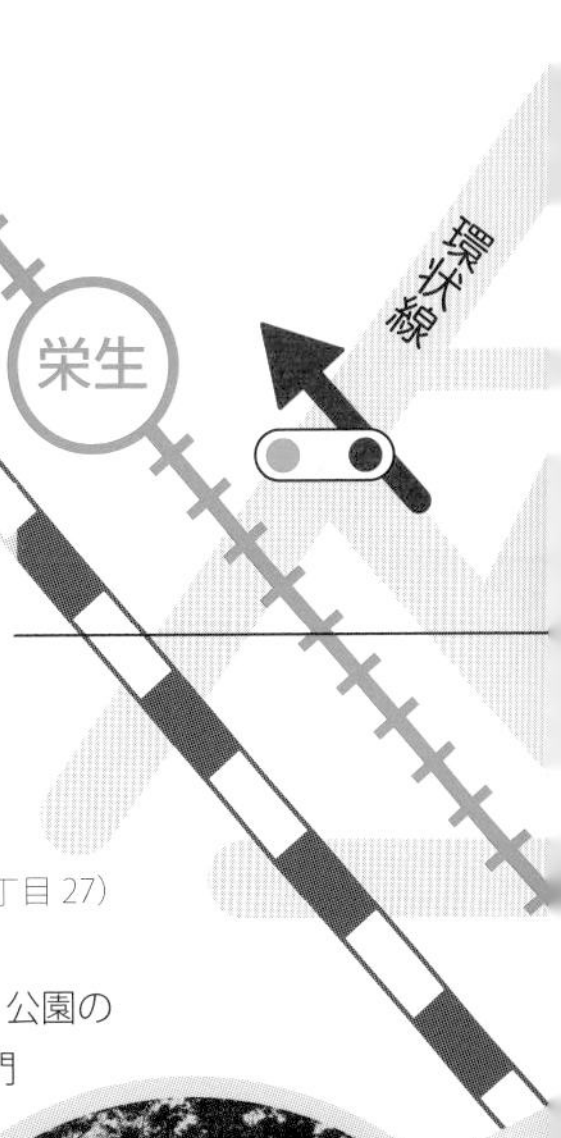

トヨタ産業技術記念館

トヨタグループによる企業博物館。煉瓦造りの広大な工場建屋のなかに繊維機械や自動車などの実物展示がズラリと並ぶ。

南押切公園（名古屋市西区則武新町二丁目17）プレイマウントA

スポーツウォールのある公園で、ちょっとした球技を楽しむ市民が多い。ここの公衆トイレの形、「ハードディスク型」と呼ぶ人もいるとか。名古屋市独自のデザインだ。

桜木公園（名古屋市西区菊井一丁目27）プレイマウントA

昭和13年開園の歴史ある公園。公園の奥には「櫻木公園」と彫られた門柱が残されている。

富士山すべり台ツアー④　**名古屋市**

「名駅～栄生 ぶらりと産業遺産コース」

名古屋駅をスタート地点に産業遺産と公園遊具を堪能するコース。コンクリート遊具のある3つの公園と、ノリタケの森、トヨタ産業技術記念館をめぐる。両施設ともかつての工場建屋を活用したもので、煉瓦造りの建物は一見の価値あり。共通入場券もあってお得に回れる。

公園遊具も素晴らしく、とくに桜木公園の富士山すべり台は50年以上前とは思えない美しさを保っている。早苗公園のゾウのすべり台も可愛らしくて必見だ。

名古屋駅
↓10分
早苗公園
↓5分
ノリタケの森
↓5分
桜木公園
↓5分
南押切公園
↓5分
トヨタ産業技術記念館
↓3分
名鉄栄生駅

全国富士山遊具めぐり

日本各地にある富士山遊具
キミは遊んだことがあるかな？

■北海道札幌市東区 モエレ沼公園

彫刻家イサム・ノグチが設計を手掛けたモエレ沼公園。こちらのすべり台「スライドマウンテン」も見た目は富士山風。素材は地盤沈下を防ぐためにビーズ法ポリスチレンフォーム（EPS）いわゆる発泡スチロールでできているとか。2019年7月現在、滑走面の不具合により使用停止中。

■北海道旭川市 神陵公園（上）
■千葉県市川市 東根公園（下）

北海道と千葉県、遠く離れたこの二つの富士山をよくよく見ると、握り棒や玉石やタラップの位置関係がまったく一緒。同じ図面をもとにそれぞれ地元の業者が施工したんでしょうか。

■福井県福井市 西藤公園

富士山頂から滑り降りるロングスライダーです。手掛けたのは地元福井の上屋敷工業（株）。研出し遊具のスペシャリストとして愛知でもおなじみのメーカーです。

■神奈川県座間市 芹沢公園

ぷにぷに素材だから転んでも大丈夫。触り心地とすべり心地がとてもいいです。名前は「ちびっこマウンテン」。

富士山？

■静岡県富士市 砂山公園

本物の富士山の近くにはこんな遊具が。これは森造形センター（株）の貝殻滑り台かな？ なんとなく富士山を意識したような塗装が不思議。

■神奈川県茅ヶ崎市 柳島スポーツ公園

なんと人工芝でできている富士山。見た目がモフモフしてます。斜面は全然すべりません。なので山登りの遊具？

■長野県上田市 上田城跡公園（左） ■長野県飯田市 城東1号公園（右）
築山の半分だけがすべり台の例。安全を考えて設計すると裾野が広がった富士山風の形になる、という見本みたいな例です。

■長野県下伊那郡松川町 富士森公園
その名も富士森公園にある築山遊具は色分けが白に水色の富士山テイスト。まだできて間もないような美しい遊具です。ベースがプリン山っぽい感じなので、東京の遊具と名古屋の遊具の折衷案みたいな感じ。

富士山!?

■愛知県一宮市 富士公園
富士公園の名のとおり、FRP成形品の富士山がチャームポイント。一応は富士山すべり台と呼べるのかしら？ 平成25年度設置、（株）東海遊具製作所が手掛けたコンビネーション遊具です。

■京都府京都市中京区 富小路殿公園（左）
■京都府京都市南区 南岩本児童公園（右）
富士山の表面に顔が!? 京都市に点在するこの遊具、四面に顔がついていて異様な存在感を発しています。目鼻口が凹んでいるのは登りやすい足場になっているから。邪悪な顔をした優しいヤツ。

■熊本県熊本市西区 池上中央公園
クッション素材に覆われて小さな子にも安心の遊具。周りには緩やかな丘や浅い池もあって、庭園のようなつくりになっています。これはひょっとして水前寺成趣園に倣ったのかも。

■熊本県熊本市中央区 水前寺成趣園
公園遊具ではないけれど、外せないのがこれ。公園に富士山のイメージはここが最初ではないかしら。肥後細川藩の池泉回遊式庭園。東海道五十三次に見立てた池越しの富士は一度見たら忘れられない印象的なもの。（平成28年熊本地震からの復旧工事中に撮影）

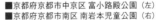

田中修二教授にきく

遊具と彫刻、プレイスカルプチャーとは？

富士山すべり台は公園に設置されたコンクリート製の巨大造形物である。

すなわち「公園遊具」とカテゴライズされるが、この歴史をさかのぼるといつしか「彫刻」という美術の領域との不思議なつながりが浮かび上がってくる。

そして、そもそも公園とは？ 彫刻とは何ぞや？ という深遠なる謎にまでぶち当たる。

近代日本彫刻史の第一人者・田中修二氏の案内で富士山すべり台・公園遊具・彫刻の知られざる交錯をひもといていく。

日本には「彫刻」の概念がなかった

「富士山すべり台」ってこれはまたニッチな……。

この本を手に取ってくれた方は、おそらくマイナーすぎるテーマに面白みを感じてくれた、そういうご自身もまたちょっとマニアックな趣味嗜好の人が多いのではないだろうか。富士山すべり台が1冊の本のテーマになるのは間違いなく本書が初めてで、そういう点では超ニッチなジャンルであることに異論はない。

しかし、光が当たっていなかったのは富士山すべり台だけではない。富士山すべり台が含まれる公園遊具、その公

田中修二（たなか・しゅうじ）1968年、京都生まれ。大分大学教育学部教授。博士（文学）。成城大学大学院修了。研究テーマは近現代の日本美術の中でもとくに彫刻と京都の絵画の歴史。主な著書は『近代日本彫刻史』（国書刊行会）『近代日本彫刻集成』全3巻（国書刊行会）など

園をつくる造園、さらには遊具の源流にある近代の彫刻史もまた、めったに注目を浴びることのない、いわば日陰の分野なのだ。

富士山すべり台について調べていくと、いつしか突き当たるのは彫刻。カルチャーの中では王道ともいうべき「美術」の世界の中で、確固たるポジションが確立されていると思われがちな彫刻だが、こと日本の近代においてはその立ち位置や歴史の研究は見過ごされてきた。

そんな隠れた激レア学問である近代日本彫刻史の第一人者、田中修二大分大学教授に、日本における彫刻の歴史を、富士山すべり台へとの意外なつながりとからめて考察してもらおう。

田中「そもそも江戸時代までの日本には『彫刻』という概念がなかったんです。明治になって西洋美術の概念が入ってきて、従来からある立体造形を彫刻であるか否か線引きしていくことになった。仏像は日本の代表的な彫刻に位置づけられる一方、金工や木工、陶芸、漆芸といった職人が手がける多くのジャンルは純粋美術ではなく応用美術、すなわち彫刻ではなく工芸とされました。しかし、不思議なことに、例えばうさぎの造形を土でつくれば彫刻ですが、これを焼くと陶芸になって工芸の範疇に入る。**彫刻と工芸の境目というのは考えれば考えるほどよく分からなくなってくるんです。**

このように日本では彫刻の歴史自体が浅く、特に明治期以降に関する彫刻史という分野は研究者の非常に少ない世界です。ましてや公園遊具となるときちんと調べている人は私が知る限り誰もいません。私もタコのすべり台なんかは面白いなと思ったことはありますが、調べようにも資料がない。庭園、造園史という分野もありますが、こちらも日本庭園が研究対象としては主流で、いわゆる現代の公園はその対象外になってしまいます」

「彫刻＝人の形をつくる」が戦前までの常識

日本では明治6年の太政官布達によって公園制度が始まる。これにより社寺境内、景勝地、城址、史跡などが公園として設置されている。第二次大戦後は戦災復興都市計画による土地区画整理事業などによって新たな公園がつくられてはいるものの、都市部や市街地への人口集中による空地の減少や、自動車の普及にともなう交通事故の増加が社会問題となり、子どもの遊び場を確保するために児童公園の整備を求める声が日増しに高まるようになった。

彫刻が公園遊具と深くかかわるようになるのは、1950年代の**プレイスカルプチャー**[*01]（遊戯彫刻）の誕生に端を発する。提唱したのは彫刻家エゴン・モーラー・ニールセン[*02]。抽象的な大型の造形物で、子どもたちがすべり台やトンネルとして自由に遊ぶことができる。視覚を楽しませるオブジェの性格と、子どもの好奇心や創造力をかき立てる体験型遊具の要素を兼ね備え、欧米の公園で積極的に取り入れられることとなっていく。一方、日本ではその前夜の課題として、抽象彫刻が市民権を獲得する必要があった。

田中「古代ギリシャ彫刻を規範とするアカデミックな西洋美術の考え方を19世紀後半に受け入れた日本では、仏像に代表されるように、具象＝人間の形をつくるのが彫刻だという考え方が特に戦前戦中までは非常に根強かった。もちろん抽象彫刻が一切なかったわけではなく、20世紀初頭のピカソによるキュビスムなどの前衛美術の影響を受けて、国内最初の抽象彫刻と呼ばれる作品が大正中期につくられ、ヘンリー・ムーア[*03]らの情報も戦前のうちから入ってきていました。工芸家の間でも、工芸とは純粋な美術を応用して用途をもつ器物などを美しく作るものであるという従来の考え方から脱却して、純粋な造形創作を追い求める動きが、大正末期から昭和初期にかけて起こります。しかし、戦時下に入っていくと自由な表現への規制が強まり、その中で抽象的な表現活動へ踏み込んでいくことはきわめて困難になりました。戦前の抽象彫刻はあくまで散発的で、花開くのは戦後になってからのことです」

セメント彫刻が戦後の美術界で一大ムーブメントに

近代の造形物の中で大きな役割を果たしていくのがコンクリートである。日本でも明治期以降に国産されるようになり、主に建材としてとりわけ関東大震災をきっかけに一気に普及する。それまでの主流だった木造建築に対して、耐震性・耐火性に優れたコンクリートは、都市のインフラの素材として圧倒的なアドバンテージを有していたのである。

田中「近代日本彫刻でセメントを用いた例は、すでに明治期に開催された博覧会の会場内に設置された噴水彫刻などがあげられますが、大正期になるとさらにその数が増えていきます。関東大震災からの復興に合わせた都市整備には、建築家や彫刻家もかかわっています。分離派建築会[*04]や、彫刻家による構造社[*05]という団体も新しい街づくりの中で芸術性を取り入れる活動を行っている。こうした動きが自治体とつながるきっかけとなり、彫刻家の公共空間を舞台とした創作活動へも発展していくこととなります。川南《せんなん》公園[*06]（東京都江東区）のすべり台（昭和6年頃）のように、遊具も浮彫彫刻で装飾されました。

浮彫彫刻を施したすべり台。川南公園（東京都江東区）

コンクリートの大型の建造物では、私が現在住んでいる大分県でも、昭和3年に別府の町の屋外に建立された高さ約24メートルもある別府大仏などがありました。彫刻や建築の垣根を意識せず、多様な分野や方法を融合させて都市空間へ広げていくという動きは戦前からあったのです。

そして、**戦後はセメント彫刻のムーブメントが花開きます**。セメントは接合材の呼び名ですから本来はコンクリート彫刻と呼ぶべきなのかもしれませんが、当時一般的だった呼称にならってここではセメント彫刻という呼び方を用いることとします。これにはいくつもの要因があって、まず先に述べたように戦前から少しずつ技術の蓄積があったこと、次に戦時中から物資不足のためブロンズが使えずその代替とされていた状況が敗戦後もつづいていたこと、そして何よりもセメントには独特の柔らかみやおおらかさがあり、そんな新しい素材による新しい表現への期待感があったと思われます。

時代の空気も新しい彫刻の社会への進出を後押ししました。彫刻家の間では美術をもっと広く大衆に向けて開放すべきだという機運が高まっていた。そこに真っ白な白色セメントが登場し、太陽の下、緑の芝生が広がる公園に真っ白い彫刻を配する構図は、**新たな平和の時代のイメージにぴったりマッチしたんです**。戦前までの彫刻はブロンズによる偉人の銅像が主流で、軍国主義や権威主義と結びつかざるを得なかった。こうした彫刻の旧来のネガティブなイメージを払しょくするものという期待もあったのでしょう。白色セメントを生産した小野田セメントが素材提供した野外彫刻創作展が日比谷公園で昭和26年から始まったこともあり、〝セメント彫刻ブーム〟といえるほどの状況になったのです。

また戦中の抑圧から解放されたことで抽象彫刻が花開いたのもこの頃。ボリューム感や柔らかみ、おおらかさを表現しやすいセメントは抽象彫刻にも適していたため、遊具に近い表現の作品も生まれやすかったのだと思います」

日本産公園遊具「石の山」にイサム・ノグチの影響が（？）

セメント彫刻の夜明けともいうべき戦後の社会情勢。そんな時代の空気を表す1冊の文献がある。昭和31年6月発行の『国際建築』第23巻第6号（美術出版社）である。ここでは子どもたちの健全な育成のための公園の重要性、そしてそれをより豊かにするプレイスカルプチャーの魅力が情熱をもって語られ、スウェーデンまで渡ってエゴン・モーラー・ニールセンの作品を取材した手塚又四郎[*07]によるレポートまで寄稿されている。日本の彫刻家たちが、新時代の平和の象徴として彫刻を屋外へ開放しようと盛り上がっていたこの時代、欧米のプレイスカルプチャーはその理念を先んじて具現化したものとしてとらえられたのだ。

そして愛知県では、戦前からコンクリートが建築以外の分野にも活躍の場を広げていた。昭和天皇の御成婚を記念して大正13年に着工し昭和2年に開眼供養が行われた聚楽園大仏（愛知県東海市）はその先駆け。職人たちの棟梁として製作を指揮したのは名古屋市南区の後藤鍬五郎[*08]で、後藤は他にもクジラ像（名古屋市南区・道徳公園）、雁宿の大仏（愛知県西尾市）などを昭和ひとケタの時期に相次いで手がけている。そして、コンクリート造形といえばマニアなら真っ先に名前が挙がる浅野祥雲[*09]も、昭和6年に高さ約10mの厄除弘法大師（愛知県尾張旭市）を建立し、前後して五色園の塑像群を製作、さらに日中戦争の戦没者慰霊像群も手がけている。この他、ドイツのハーゲンベック動物園にある恐竜模型をモデルにしたという東山動物園恐竜像も昭和13年に製作され、かつては子どもがよじ登ることができるなど、オブジェと遊具の中間のような存在と

昭和 31 年頃、東山公園（名古屋市千種区）につくられた、高藤鎮夫《噛み合う白鳥》《兎と女人像》。日本人による最初期のプレイスカルプチャー作品。『国際建築』第 23 巻 第 6 号、美術出版社、1956 年、69 ページより

道徳公園のクジラ像は昭和 2 年制作。平成 27 年に補修され背中から水が噴き出る噴水が復活した（名古屋市南区）

昭和 33 年制作の安永良徳《海の幻想》。虹ケ丘公園（名古屋市名東区）

東山動物園の恐竜像。開園翌年の昭和 13 年につくられた。大々的な修復作業が行われ、平成 29 年に公開が再開された（名古屋市千種区）

して親しまれてきた。

戦後は名古屋の彫刻家たちが公園を舞台に精力的な創作活動を展開する。昭和31年頃に高藤鎮夫[10]が東山公園（東山動植物園、名古屋市千種区）につくった『噛み合う白鳥』（高さ3・1m）『兎と女人像』（高さ2・8m）が、**日本人によるプレイスカルプチュアの最初期のもの**である。そして昭和33年4月、名鉄百貨店の屋上遊園の開設にともなう手塚又四郎や野水信[11]による遊具作品の設置、昭和33年の虹ケ丘公園（名古屋市名東区 ※当時は千種区）の安永良徳[12]『海の幻想』（施工は東海園）、昭和34年の名古屋市立第三幼稚園の野々村一男[13]『プレイスカラプチュア』と、彫刻家の手による遊具作品が続々とつくられている。とくに高藤鎮夫、野水信、野々村一男といったMC彫塑《ちょうそ》家集団[14]に所属する名古屋の作家の活動が目立つ。名古屋造形芸術短大の教授も務めた野水信は昭和46年

昭和 34 年制作の野々村一男《プレイスカラプチュア》。名古屋市立第三幼稚園（名古屋市西区）

野水信らが手がけたはなのき公園（昭和 49 年開園）の富士山をモチーフにしたすべり台（愛知県春日井市）

頃にも同じく彫刻家の石黒鏘二、三水弘とともに愛知県春日井市・はなのき公園のプロデュースを務め、三つの富士山を組み合わせた築山遊具をつくっている。

そして**昭和34年、エポックメイキングな純国産プレイスカルプチャーが誕生する。**東京都台東区の入谷南公園[*15]の**「石の山」**である。大きさ11m×8・6m、高さ2mのきのこの笠のような築山遊具で、玉石やチェーン、取っ手などが埋め込まれて容易に登ることができる。設計者は当時三十代だった名古屋出身の造園家・池原謙一郎[*16]。池原は東京都職員の北村信正に誘われて、児童公園の新たな形を探る「遊び場の研究会」に参加。造園家や児童研究家、デザイナーなどによる自由闊達な意見交換の結果、池原を中心にして作られた設計案が入谷南公園改修のコンペによって採用されている。この入谷南公園の型破りな新しさはたちまち新聞、雑誌、テレビなどで話題となり、とくに「石の山」はのちに全国各地の自治体で模倣品が大量に造られるにいたった。この後も東京都や日本住宅公団、また前田屋外美術株式会社（東京）のような遊具メーカーも加わって、昭和30年代後半は新しいコンクリート遊具の設計について、さまざまな試行錯誤が行われた時期であった。そして昭和40年代になるといわゆるタコのすべり台「タコの山」も誕生する。

田中「当時の彫刻家たちは公園の彫刻や遊具を、楽しみつつ強い意欲をもってつくっていたのではないでしょうか。名古屋で当時の中心的な彫刻家たちが公園などに多くの作品を残しているのも興味深い。彫刻では、彫刻家が粘土で原型を制作した後、石膏による型取りやそれをもとにしたブロンズ鋳造をそれぞれの専門家が行うといったように分業制でつくられることが多いので、人のつながりがとても重要です。名古屋でたくさんの作品がつくられたことは、ひとつの地域性としてとらえることができるでしょう。

池原謙一郎の『石の山』には、まずまちがいなくイサム・ノグチ[*17]**の影響が見られると思います。**日系アメリカ人のノグチはアメリカで本格的に彫刻家としての活動をはじめた1930年代から「プレイ・マウンテン」や「プレイグラウンド」といった起伏のある造形で構成された公園を提案し、1950年代前半に日本に滞在した際には庭園の設計を手がけます。最晩年に構想し、没後の平成17年に完成した札幌のモエレ沼公園にも巨大な築山が配されているんです」

造園家による国産プレイスカルプチャーの金字塔、入谷南公園の「石の山」(東京都台東区)

　ここで田中教授が、池原の「石の山」にイサム・ノグチの影響を感じ取ったのはまさに慧眼で、池原が少年期を過ごした愛知県の津島は、ノグチの父・野口米次郎の出身地。池原はノグチに関する記述も残していて、少なからず影響を受けていたことは間違いない。日本のプレイスカルプチャーの源流には、愛知にゆかりのある世界的芸術家の存在があったのだ。

セメント彫刻の急速な衰退と彫刻家の公園からのゆるやかな撤退

　戦後、一気に花開いたセメント彫刻。ヨーロッパから入ってきたプレイスカルプチャーのムーブメントも、彫刻家を公園の立体造形制作へと駆り立てる要因となった。ところが、この動きは盛り上がりのスピード感の反動のごとく、その後一気に廃れることとなってしまう。
田中　「公園遊具の製作が彫刻家の間で根づかなかった要因は、ひとつに彫刻家主導で進められるものではなかったこと。公園の場合はもともと造園家の役割が大きく、彫刻家はあくまでそれを補完する立場になってしまいます。戦後の彫刻家は、**マネキンや特撮映画の怪獣の世界にも深くかかわっている**のですが、これらはまったく新しいジャンルだったので彫刻家が中心になって創作性を発揮することもでき、多くの仲間を引き入れることもできた。しかし、公園整備ではそこまでのイニシアチブを取れず、しかも継続的に発注があるものでもないため横への広がりも生まれにくかったのではないでしょうか。

加えて、時代を追うごとに物資の供給も安定し、セメント彫刻への熱は急速にしぼんでいくことになりました。

セメント彫刻は基本的に屋外に設置されたため、そのうちに**劣化の問題も出てきます**。80年代頃には既に忘れられた存在になっていたため適切なメンテナンスが施されず、ひび割れが生じ、そこから雨水がしみて芯の鉄筋が錆びてやがては朽ちてしまう。このような劣化した作品が次々に撤去され、美術界におけるセメント彫刻はほとんどかえりみられることもないものとなってしまったのです」

公園遊具に息づく彫刻家のDNA

戦後の公園整備の初期段階では、セメント彫刻のブームとも連動し、彫刻家が社会性と創造性を発揮する舞台にもなった公園。しかし、造園家が中心を担うシーンにおいて、いつしか彫刻家の存在感は薄れ、そのかかわり方は公園の機能とは関係がないモニュメント制作にほぼ限られることになっていく。プレイスカルプチャーを原型とする**コンクリート遊具も、昭和40年代に入ると目新しいアイデアは徐々に影をひそめるようになる。**東京都公園緑地部都市公園課長の北村信正は昭和39年発行の『公園緑地　VOL.24第3・4号』にこう記している。「入谷町南公園に発する新しい傾向のデザインは、往々にして施設過剰となり、公園本来の緑におおわれた要素、ゆとりのあるムード、空地的部分が失われがちである。」ことにコンクリート遊具は、いったんつくれば壊したり移したりするわけにもいかないので慎重に採用する必要がある、と論じている。また自治体や事業者ごとに**公園施設の図面は標準化され、同じ形のコンクリート遊具が各地でいくつも生産される**ケースが目立ちはじめる。都市化の進展により公園数が右肩上がりで増えるなかで、タレント性を持った表現者による遊具設計は徐々に時代に合わなくなってきたのだ。こうして日本各地でつくられ、その多くが今も残っているのが「石の山」や「タコの山」であり、首都圏の「プリン山」、そして名古屋周辺の「富士山すべり台」もそのひとつである。現在のこれらの遊具はほぼ職人の手によるもので、設計者の名前が残ることもほとんどない。しかし、その最も深い部分には、遊戯性と造形表現の両立を目指した彫刻家たちの想いがしっかりと組み込まれていると感じられる。子どもたちが自由に登ってすべり、しかも見た目も親しみやすく愛着を感じられる。コンクリート製の公園遊具には、戦後の彫刻家たちのＤＮＡが息づいているのではないだろうか。

田中「近代の公園の遊具の変遷などはまだ誰も手をつけていない分野のはず。私もプレイスカルプチャーなどは完全に見逃していました。その中で富士山すべり台という名古屋特有の遊具に着目し、これを記録していくことは非常に興味深い、貴重な取り組みだと思います。子どもは外で、体を動かして遊ぶのが理想だという考え方がこれからも変わることはないとすれば、そうした理想を造形化したともいえるこういう遊具もまた残していくべきものでしょうし、伝えていかなければならないと思います。私自身、大分市内のブロンズ彫刻を定期的にメンテナンスして美しい状態を維持していく活動を10年以上前から続けていて、ボランティアで参加できる仕組みをつくっています。多くの人に関心を持ってもらうことで、それを残していこう、守っていこうという意識も高まる。富士山すべり台も多くの人に知ってもらうことで、今後も長く守っていくことにつながるのではないでしょうか」

注

*01　プレイスカルプチャー　playsculpture
プレイスカルプチュアとも。遊戯彫刻と訳される。子どもが実際に遊ぶことができる野外彫刻作品。エゴン・モーラー・ニールセンの作品が著名。日本には昭和30年代から広く知られるようになった。

*02　エゴン・モーラー・ニールセン　Egon Møller-Nielsen
(1915-1959)
デンマーク・コペンハーゲン生まれ。彫刻家、建築家。《Tufsen》

《Ägget》など、遊具として遊べる彫刻作品（プレイスカルプチャー）を制作した。

＊03　ヘンリー・ムーア　Henry Spencer Moore（1898-1986）
二〇世紀イギリスを代表する抽象彫刻の大家。野外に設置された大型の作品や、身体に穴のあいた人物像のイメージは、日本においても戦後広く紹介された。

＊04　分離派建築会　ぶんりはけんちくかい
大正9（1920）年に東京帝国大学建築学科を卒業する6人（石本喜久治、瀧澤眞弓、堀口捨己、森田慶一、矢田茂、山田守）により結成された建築運動。実用一辺倒の建築に反発し、建築の芸術性を求めた。ロダン等の彫刻にも傾倒し、陰影表現に建築の可能性を見出そうとした。

＊05　構造社　こうぞうしゃ
大正15年に斎藤素巌と日名子実三により結成された在野の団体。陽咸二、雨田禎之（光平）、荻島安二、安永良徳などが参加。彫刻と社会との関わりに重きを置き、彫刻と建築との融合を目指した。

＊06　川南公園　せんなんこうえん
東京都江東区千石二丁目に所在する区立公園。江東区立川南小学校に隣接する。関東大震災後の震災復興52小公園のひとつで、昭和6（1931）年に開園した。

＊07　手塚又四郎　てずか・またしろう（1903-1971）
栃木県今市市（現在の日光市）生まれ。美術教育学に尽力。昭和30年に渡欧した折にエゴン・モーラー・ニールセンの遊具作品や北欧各地の公園遊具などを取材し、子どもたちの成長を育むプレイスカルプチャーの価値について積極的に評価している。

＊08　後藤鍬五郎　ごとう・くわごろう（1892-1976）
愛知県海部郡七宝町（現在のあま市）生まれ。名古屋を拠点に看板業を営む。コンクリート像の制作で知られ、聚楽園大仏（1927）や長浦海水浴場のタコのターちゃん（1927）が有名。

＊09　浅野祥雲　あさの・しょううん（1891-1978）
岐阜県恵那郡坂本村（現在の中津川市）生まれ。コンクリート像作家。名古屋を拠点にコンクリート製の人物像や仏像を数多く制作。五色園、桃太郎神社、関ケ原ウォーランドなどに群像としてまとまった数の作品が残る。

＊10　高藤鎮夫　たかとう・しずお（1910-1988）
名古屋市生まれ。彫刻家。日展会員。名城公園の《加藤清正像》や東山動植物園の《光と緑》など具象彫刻のイメージが強いが、東山動植物園の時計塔《歓び》は人物を抽象的にかたどったもの。

*11　野水信　のみず・しん（1914-1984）
石川県金沢市生まれ。彫刻家。二科会会員。名古屋造形芸術短期大学名誉教授。エンジニアとして働きながら独学で彫刻を学ぶ。羊羹彫刻やプレイスカルプチャーなど前衛的な創作活動も。蒲郡市竹島園地の《男女立像》、一宮市の《織姫像》《勤労青春像》、《コの記号》など。

*12　安永良徳　やすなが・よしのり（1902-1970）
横浜市生まれ。彫刻家。東京美術学校卒業。一時期サトウハチローと共同生活を行う。構造社を代表する作家として活躍。終戦後にシベリア抑留から帰国した後は福岡市を拠点に活動した。

*13　野々村一男　ののむら・かずお（1906-2008）
名古屋市生まれ。彫刻家。日本芸術院会員。愛知県立芸術大学名誉教授。名古屋を拠点に中部彫刻界の重鎮として活躍した。名古屋駅前ロータリーにあった《青年像》が知られる。

*14　ＭＣ彫塑家集団　えむしーちょうそかしゅうだん
野々村一男、石田清、高藤鎮夫、野水信による「塊芸会」を母体に、若手彫刻家を集め昭和22（１９４７）年に発足する。ＭＣはマッス・クリエーションの略。昭和28年から名古屋市で野外彫刻展を相次いで開催するなど、「美術」を「野外」へと結びつける先進的な活動を行った。

*15　入谷南公園　いりやみなみこうえん
東京都台東区松が谷三丁目に所在する区立公園。昭和30年開園。戦後の疲弊した公園事業を打ち破るべく、昭和34年に完成した斬新な遊び場の数々は、池原謙一郎を中心とする若手造園家らにより手掛けられ、大きな反響を呼んだ。

*16　池原謙一郎　いけはら・けんいちろう（1928-2002）
名古屋市生まれ。造園家、ランドスケープデザイナー。筑波大学名誉教授。先進的な公園作品を相次いで設計し、戦後のランドスケープデザインに大きな影響を与えた。また大のサッカー好きとしても知られ、サッカー日本代表のサポーター〝日本サッカー狂会〟を創設、〝ニッポン!チャチャチャ〟の応援スタイルを考案した。
余談ではあるが、池原の父で愛知県立津島高等女学校の校長を務めていた茂二は、イサム・ノグチの父で詩人の野口米次郎に同校校歌の作詞を委嘱している（１９３３年、信時潔作曲）。

*17　イサム・ノグチ　Isamu Noguchi（1904-1988）
ロサンゼルス生まれ。美術家、彫刻家、造園家。父は詩人の野口米次郎、母は作家のレオニー・ギルモア。幼少期を日本で過ごし、アメリカで彫刻を学ぶ。パリでブランクーシに師事。大地を彫刻するというビジョンは１９３３年の《プレイ・マウンテン》から幾度も見られ、遊具作品も数多く手掛けている。

コラム

学校遊具・園庭遊具

昭和30年代以降、プレイスカルプチャーの明るい話題は小学校や幼稚園などの教育現場へも波及した。子どもたちの遊び場はまだまだ足りない状況。そんななかで地元彫刻家によるプレイスカルプチャーがつくられたり、児童教職員らが協力して自分たちで遊具を制作したり、各地にオリジナルな一点物の遊具が誕生した。そういった具体例を4点、ここに紹介しよう。

名古屋市立柳小学校

愛知県名古屋市中村区

「かえるすべり台」は昭和37年12月24日生まれ。この遊具は、学校行事として開催されたデザイン学習展覧会の一環として制作されたものだ。児童の粘土作品をもとに、小野道風の故事にならって「かえる」をつくることになり、児童や教職員が協力して、全長約4m×幅3m×高さ2・3mの立派なコンクリート遊具を自作した。

建中寺幼稚園

愛知県名古屋市東区

昭和43、44年度卒園記念に保護者から贈られたすべり台遊具。「地元の業者に依頼してつくられたもの」とのことで作者等は分からないが、抽象的で伸びやかな母子像は野水信を彷彿とさせる。

名古屋市立高蔵小学校

愛知県名古屋市熱田区

名古屋市の学校の中でも校庭に富士山すべり台があるのはここだけ。縦9m×横7・5mの南北に長い小判型の富士山で、チェーンやタラップなど登りかたのバリエーションが豊富。昭和49年2月に学校関係者によって寄贈された。

東海市立大田小学校

愛知県東海市

こちらは手づくり感満載、縦14m×横10mの巨大サイズの富士山だ。三方向から伸びたトンネルがそのまま山頂へと繋がる秘密基地のような構造がかっこいい。すべり台として遊べるよう南側の勾配がゆるやかになっている。

いつも心に富士山を

富士山は日本人の心のふるさと。
あこがれや親しみの念を抱いている人は多い。
眺めたり、登ったりするのはもちろん、
手元に置いていつも身近に富士を感じていたい
というニーズもまた高い。
そんな思いに応えてくれるのが
富士山グッズの数々。
お気に入りの富士山が手元にあれば
心はいつも“日本一”！

おりづる 富嶽三十六景

葛飾北斎の浮世絵「富嶽三十六景」の絵柄が羽根になる折り紙。三十六景という商品名だが46種類が入っていてちょっと得した気分。トーヨー 500円（東）

浮世絵 クリアホルダー

Ａ４サイズのクリアホルダー。絵柄は葛飾北斎「富嶽三十六景」中の「神奈川沖浪裏」。エトランジェ・ディ・コスタリカ 120円（東

手刷り かわり金封

1663年創業のお香、書画用品の老舗による金封（冠婚葬祭の金銭を納める封筒）。おめでたい時の贈り物用として使いたい。鳩居堂 500円（東）

御朱印帳

ご利益が得られそうな富士山がカバーの御朱印帳。左／ホリーホック 2,100円、中／古川 1,400円、右／表現社 1,500円（東）

富士山ペアカップ

有田焼の赤青2色のペアカッフ
アカップとしてもちょっと大き
ぐい呑みとしても使える。金
5,000円（東）

富士山グッズカタログ

わらん富士

グッズではないがこんなお菓子のおみやげも両口屋是清プロデュースの「和カフェダイニングわらん」（JRゲートタワー内）限定のフィナンシェ。イートインもできる。両口屋是清 350円

箸置き 赤富士・青富士

瀬戸物の箸置き。鷹・なすびの箸置きと富士山画の屏風のセットもあり。中外陶園 各500円（お）

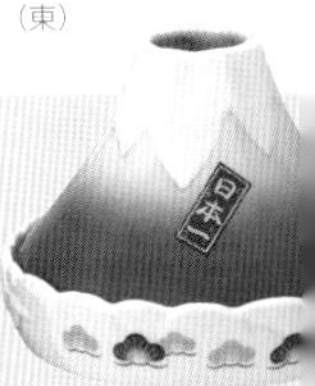

富士山型蚊や

蚊取り線香を入れて
瀬戸物の蚊やり。噴
から煙が出てくる
が楽しい。中外陶園
円（お）

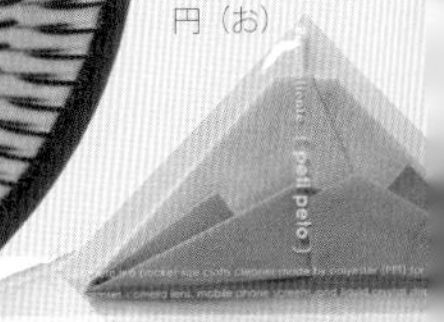

プッチペット富士山

パソコン、スマホ、眼鏡などの
をふき取る形状記憶タイプのク
ナー。100% 1,600円（東）

Akafuji あかふじパスポートカバー

葛飾北斎「富嶽三十六景」中の「凱風快晴」を題材としたパスポートカバー。日本の10年パスポートの赤色を入れると浮世絵と同じ色になる。DETAIL inc 900円（東）

あまのはら

カットすると四季の様々な表情の富士が現れる棹菓子。和菓子 結／両口屋是清 3,800円

富士山キャップ

これさえかぶればあなたも“日本一”の富士山に！」2,000円（東）

【問い合わせ・販売】（東）＝東急ハンズ名古屋店 TEL 052・566・0109、（お）＝おもだか屋 TEL 0561・87・1700、和カフェダイニングわらん TEL 052・756・2581、和菓子 結 TEL 052・566・8550　※価格は税抜き

上司は〝富士山すべり台の産みの親〟！

——安藤さんはプレイマウントを最初に考案した中村繁己さんの部下だったんですよね。

安藤　そうなんです。年次で30年くらい差があって、私が新米の頃に50代の管理職でした。ただ、ご本人からそれを聞かされたことはなく、富士山すべり台を設計された方だと知ったのはずい分後になってからのこと。今思えば、物静かですがいろいろと工夫をされる方だったので、そういう気質があの仕事にもつながっていたのかもしれません。発想の原点をお聞きする機会がなかったのが今でも残念です（※取材当時中村さんは病気療養中）。

——名古屋市のコンクリート公園遊具は、「石の山」が昭和39年度、「プレイマウント」＝富士山すべり台、「クライミングスライダー」が昭和41年度あたりにできている。ほぼ同時期で、これらはすべて中村さんが手がけたと考えてよいのでしょうか？

安藤　その可能性はあるでしょうね。ただし、記録は残っていないので推測の域を出ません。当時の建設担当はそれなりに人数がいたので、ある程度手分けしていたと思います。それと、石の山やクライミングスライダーは東京が発祥で、名古屋はそのアレンジだと思います。

——石の山は台東区の入谷南公園が全く同じ形をしてい

富士山すべり台を未来へつなぐ

安藤有《すみ》雄《お》さん　名古屋市緑政土木局

あんどう・すみお
名古屋市緑政土木局緑地部緑地事業課整備係長（取材当時、現在は東山総合公園主幹）。昭和43年生まれ、東海市出身。平成2年、名古屋市入庁。以来、一貫して公園緑地の技術者として市内公園の整備、管理、緑地行政の企画、推進に携わる。

東京都台東区入谷南公園「石の山」

て、名古屋はこれを元に縮小コピーしたようです。石の山は一時期大ヒットして全国各地にコピー品がつくられたんですよね。クライミングスライダーも東京都に似たタイプがありますけど、名古屋のは卵型にアレンジされていてかわいらしい。これら3種類が次々に投入されて、当時としては画期的だったでしょう。

安藤　昔の方が、外で遊ぶ子どもの数は圧倒的に多くて公園にも子どもがいっぱいいました。だから、砂場にしても遊具にしても大きくつくっていました。そういう事情の中で、たくさんの子どもが一緒になって遊べる富士山すべり台も生まれたのでは、と思います。あのみんなで一斉に滑る楽しさというのは他の遊具にはないもの。だから、多くの人の記憶に残っているのかもしれません。

安全面と職人不足が課題

――時代背景が変化する中で、昨今の公園、遊具事情について教えてください。

安藤　従来「児童公園」と呼んでいた身近な公園が法改正で、平成5年から「街区公園」という名称になっています。かつては子どものための場所であった公園が、多世代向けに変化してきたことの現れです。例えば、児童用の遊具だけではなく健康器具などを含めてビジョンを立てるようになっています。

　設備面での大きな変化は安全規準の厳格化です。現在、市内の公園に設置する遊具は基本的に国とＪＰＦＡ（日本公園施設業協会）が定める基準に沿って安全管理しています。子どもは大人の想像を超えた危険な遊びを思いつくものです。リスクを承知でチャレンジすることは成長に必要でしょうが、予測不可能なハザードは取り除かなければならない。例えば、ゆりかご式の対面ブランコは、必要以上に激しく動かすと衝突や挟まれ事故などで大けがや死亡するケースがあって、今ではほとんどなくなりました。また、遊具メーカーの製品改良も進み、コンクリートや鉄製の硬い素材の遊具も減少傾向にあります。クッション性の高い素材を用い、工場であらかじめ加工した規格品が主流となっています。

　昔の遊具は現場で作るオーダーメイド品が多く、富士山すべり台もその典型です。ところが、今はそれができる職人さんが減っていて、つくろうにもつくれない。仮に今、コンクリート製の遊具をつくろうとすると、日本中から研ぎ出し仕上げのできる左官職人さんを探してきて長期間滞在してもらう。結果、人件費もかさんで割高になってしまう。コンクリート遊具が減っているのは、安全性の問題だけでなく、つくり手の減少の問題も大きいんです。

――プレイマウントは、現在の安全基準に照らし合わせると不適合ということになるのでしょうか?

安藤　硬いという点でそのあたりはグレーですね。ただ現実問題として富士山すべり台で大きな事故はなく、たくさん残っている。無理に今の基準に当てはめようとするとコンクリート遊具の存在自体を否定することになってしまいます。周囲との関係など状況に応じた安全への配慮を要すると思います。

――平成29年度につくられた半田市の雁宿公園の富士山すべり台は、階段や手すりをつけるなどして完全に今の基準に合致するように工夫されています。あれは今の時代に合った富士山すべり台の形としてとても貴重な事例だと思います。

住民の意見をくみ取ることが何より重要

安藤　もうひとつ、近年の傾向として一番大きいのは公園の整備に地域の皆さんのニーズを反映させることです。昔は大体、〝これを使いましょう〟と役所の方で決めていました。しかし、現在ではほぼすべての公園で、改修などの場合も含めて地元の皆さんの意見をお聞きして、できるだけその思いをくみとるようにしています。どんな方々がどんな風に利用するのか？　広場中心かそれとも遊具中心か？　遊具は幼児向けかやんちゃ盛りの小学生たちが元気いっぱいに遊べるものがよいのか？　こうした住民ニーズを反映させた公園づくりを、名古屋市は全国の中でも先頭の方でいろいろと取り組んできました。

――そうした変化はコンクリート遊具にどんな影響をおよぼすのでしょう?

安藤　ご意見はもちろん人それぞれで、今あるものを大事にしていこうという方もいれば、新しく変えていこうという人もいる。しかし、富士山すべり台の場合、多数は前者だと認識しています。富士山すべり台で滑って遊んだ思い出、登った時の喜びなど、とても愛着をよせられている遊具であることは間違いない。その声はできるだけ尊重しなければいけないと考えています。

補修が不可欠だが……

――残していくためには補修が必要です。

安藤　そこが大きな問題です。老朽化が進むと表面に亀裂が生じて、指がひっかかったりして怪我につながりやすい。対処としてはモルタルで埋めることになるのですが、埋めた部分と周りがなめらかな面でなくなり、滑りが悪くなることもある。

──全体的なモルタルの打ち直しはできないのですか？

安藤　富士山すべり台は外側のモルタル層の表面を研ぎ出して滑り面を作っているので、劣化が深くなると下地が現れてしまう恐れがあります。そこで、モルタル層ごと更新できれば良いのですが、しっかりモルタルと躯体が定着しているのでそれも難しい。部品交換のようにいかないのが弱点です。

──私が調べた限り、富士山すべり台は名古屋市内で119箇所つくられたうち撤去されたのは26基。まだ93基もありますね。残存率約78％です。これは名古屋市住宅供給公社が管理している市営住宅内の富士山も含めてこの数です。しかも、ここ20年くらいでは7基しか撤去されていない。半世紀近く前につくられたものが多い割にずい分生き残っているものだと感じます。

安藤　躯体そのものの損傷はほとんど見られませんからね。そもそも公園が廃止になるケースは通常ありませんし、その中で富士山は広い敷地を占めて主役になっているので、何かそれに代わるものがない限りは撤去ということにはなりにくい。何より、遊んでいる子どもたちの笑顔を見れば、わざわざ取り壊そうとは思えないでしょう。

──確かに、撤去されたものも劣化が原因ではなく、市営住宅で新たに駐車場をつくらなければならないから、など別の要因によるものが多いようです。

安藤　ですから、劣化が見られる滑り面を補修して残していくというのが現実的な選択だと思います。理想をいえば、ひとつひとつ診断して対処法を考えるべきなのですが、それができる業者は全国でもなかなか見当たりません。東京の会社で造形性のある遊具やモニュメントをつくるところが古いコンクリート遊具の補修も手がけているようですけど、そういう思い入れを持ったところでないとできないんですね。

私は10年くらい前に東山動植物園で勤務していたのですが、動物園にコンクリートの恐竜があります。戦前からの古いもので維持管理に頭を悩ませていたんですが、どうしたらいいのか見当がつかず手をつけられませんでした。しかし、近年、東山動植物園の再生事業の取り組みで大学の先生やコンクリート業界の方々と協力して調査をし、適切な処置を施せば残していけるとして修復が実現しました。今はいろんな分野の人材がコラボレーションして考え、技術協力するという方法が広がってきて、東山はそのいい事例のひとつです。富士山すべり台についても、末永く残していくなら本当はそういう方法で丁寧に検討していく必要があるのかなと思います。

地域の富士山すべり台がどれだけ地元に定着し、愛着を持たれているか、それによって処遇も変わってくるのではないかと考えています。今あれをつくろうとすると、簡単にはできません。とはいえ修復するにもそれなりの技術と費用が必要になる。どちらをとるか、難しいせめぎあいの中で維持しているところです。

技術と思いを未来へつなぐ
新型プレイマウント！

──確かに、今つくろうとすると簡単ではないでしょう。しかしその一方で、近年新しいコンクリート遊具が生まれています。大阪市の八幡屋公園に平成28年度にできた「ジンベイザメ遊具」とか、東京都でも小さなコンクリート遊具の新設は意外とあるんですよ。

安藤　公園にたくさんの人を呼び込みたい、という際にはやはり目玉になるので、採用されるのでしょう。あるいは、近所の人たちに親しまれる自慢の公園をつくろうと考えた場合もシンボリックなコンクリート遊具は効果的です。数は限られますが今でもニーズはちゃんとあります。

大阪市港区八幡屋公園「ジンベイザメ遊具」

──コンクリート遊具は過去のもので失われていくばかり、というイメージがありますが決してそうではない。私としては何とかしてその誤解をといていきたいんです。

安藤　そうですね。今では特別な遊具となってしまい、いざつくりたいと思った時には技術がなければできません。ですから、設計面でも施工面でも技術を継承するためにも少しずつでもコンクリート遊具をつくっていく必要がある。そう考えてかつて私が設計してつくったのが矢田公園（名古屋市東区）のドーム型のプレイマウントです。

──えっ？ずいぶん変わった石の山があるなぁと思っていたら、あれは安藤さんの仕事だったんですね！

安藤　僕ですね！（笑）。平成9年のナゴヤドーム完成に合わせて、すぐ近くの公園をリニューアルすることになりました。せっかくなので地域のシンボルとしてナゴヤドームをモチーフにした半分石の山、半分すべり台のコンクリート遊具をつくることにしたんです。

──天白公園にもつい最近、かわいらしいコンクリート遊具がつくられましたよね。

安藤　あれは平成29年製作で、私の後輩の仕事です（笑）。名前は富士山すべり台と同じ「プレイマウント」です（と図面などの資料を広げる）。

──本当だ！「プレイマウント」と書いてある!!

天白公園につくられた、全く新しい「プレイマウント」

矢田公園「ドーム型プレイマウント」（提供　名古屋市緑政土木局）

安藤　高さ1・2mと富士山すべり台（2・5mまたは1・7m）と比べると小ぶりなんですが、「プレイマウント」なんです。担当者が子どもの頃に富士山で遊んだ記憶があり、是非つくってみたいという思いがあった。あの公園はプールの跡地で、地域の皆さんとワークショップを開いてデザインや遊具についてみんなで意見を出し合ったのですが、その中で、何か面白いものをつくりたい、利用者の年齢層が若干低めなので、だったら小さめのおわん型のすべり台とつくろうということになったんです。

——まさしく富士山すべり台を今につなげるものですね！

安藤　ええ。私が矢田公園で作った時からも20年が経ち、今でもプレイマウントをつくることができるのか、その実験的な意図もありました。昔通りのものを久しぶりにつくるというのはハードルが高いものです。サイズは異なりますが、基本的な構造は富士山すべり台とまったく同じです。施工方法など細かく記録も取りながら作業を進めました。左官職人さんの研ぎ出しの技術がある程度機械化されていることも分かりましたし、将来また富士山すべり台をつくろう！ということになった際にも活かせる、いい経験・実績になったと思います。

——実際につくってみて難しさや問題点はありましたか？

安藤　技術的なことでやはり職人さんの問題ですね。公園の設備工事を受注した元請負の造園会社が遠方から熟練の左官職人さんを見つけてきてくれました。小さくても製作工程は何段階もあって時間と手間は掛かってしまう。当初の見込みよりもやりくりが大変だったようです。富士山すべり台はまさに手づくりの遊具で、設計・施工に関わった皆さんの思いと協力があって初めてつくることができると感じました。

公園を通して地域を考えるきっかけに

安藤　この先富士山すべり台を新たにつくるためには、単に費用や安全性だけで判断するのとはまた別の価値観が必要だと思います。造形的なコンクリート遊具への市民の関心やニーズ、これらを是非つくりたいというエネルギーが求められます。そういう機運を盛り上げるためにも、いろんな場面で富士山すべり台を取り上げていただけることはその未来にすごく影響をおよぼすことだと思います。

——いろんな地域や自治体で関心を高める働きかけをしてくれるといいですよね。

安藤　私が期待するのは、富士山すべり台にとどまらず、皆さんが遊び場に対して関心を持ってくれるようになることです。多くの人にとっては、公園はあって当たり前の存在で深く関心を寄せてくれる方は少ない。子を持つ親にとっても、子育ての一時期に利用するものだったりする。しかし、地域社会全体に目を向けた時に、やっぱり公園、遊び場は必要な場所であり、公園がどうあるべきかはそこに住む自分たちでも考えていくべき問題です。そういう意識を持ってもらえると、じゃあみんなできれいにしようとか、子どもが遊ぶ時間帯に見守りをしましょうかとか、そういう行動にもつながっていくんじゃないかと思います。

　富士山すべり台も、誰も何もいわなければ、もう古いから壊してもしょうがない、ということになってしまう。多くの人が関心を持つことで、大事なものだから残していこう、さらにはまた新たにつくれないかという動きにもつながっていくんじゃないでしょうか。

プレイマウントは長い目で見ればお値打ちなんです。

名古屋市緑土木事務所　横地 修さん

〝富士山すべり台〟って何のこと？

——名古屋市の緑政土木局の元職員の横地修さん。行政の造園の専門職として、数々の公園づくりに携わってきた。

「私は街区公園など小さな公園の設計を担当し、数は把握できないくらい。プレイマウントもたくさん手がけましたが、当時は名古屋独自のものとは知らなくて、遊具の選択肢のひとつとしてある、という程度の認識でした。他にも石の山とか大型のコンクリート遊具がある中で、子どもたちが実際によく遊んでいるのを見て、選ぶ時にこれがいいかなという気持ちはありまし

富士山すべり台をとりまく人たち

た。ただ費用が高いので、予算にある程度余裕がないとできないんですよ。

　私たちの間では**プレイマウントはあくまでプレイマウント**。『富士山すべり台』といわれて、『何のこと?』『あぁ、いわれてみればそうだなぁ』という感じでした。しかし、確かにいかにも富士山という形だし、初期に作った職員の間では富士山だという意識はあったかもしれないですね。

プレイマウントは
長い目で見ればお値打ち品

「**熱田区の大瀬子公園のふたこぶの遊具は私の設計**。登山が趣味なもので、前穂高から奥穂高への縦走を遊具で表現したいと思ってつくりました。

よこち・おさむ
昭和27年生まれ。昭和51年、名古屋市土木局入庁。以来、造園畑一筋で、主に公園の設計・管理に携わる。定年後も土木アドバイザーとして後進をサポートする。趣味は登山、弓道。

　プレイマウントが長く親しまれているのは遊び方が手ごろだからじゃないでしょうか。よじ登って滑るだけ。一度に大勢で遊べますしね。以前、東京から来た公園の研究をしているという人が、『遊具としてよくできている』と感心していました。

　つくられた頃は大量生産の時代じゃなかったこともあって**職人さんの腕もよくて、丁寧につくるという意識も強かったんでしょう**。多少ひびが入るものもありますが、補修すれば大体、元通り使えますからね。つくるのにはお金がそれなりにかかりますが、長い目で見ればお値打ち品だといえます」

ふたこぶプレイマウント　大瀬子公園（名古屋市熱田区）

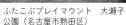

「遊んどるうちにつるつるになるわ」と左官屋さんのいう通りになった。

内田工業（株） 小笠原弘人さん 小久保裕生さん

道具も資料も廃棄してしまった

――公園遊具の大手・内田工業。公園をプロデュースから手がけ、富士山すべり台も数多く担当してきた。

小久保「私らが入社した昭和50年代後半は既に新規ではつくられることは少なくなってました。自前のゲージ（富士山すべり台の稜線の輪郭になる鉄製の型）があって造園屋さんにもよく貸していたようですが、使う機会がなくなり10年以上前に廃棄してしまいました。当時は台帳も手書きで、資料はやはり廃棄してしまった。たくさんつくったはずなのに、どこに、**どれだけつくったのか分からないんです**」

おがさわら・ひろと（右）
こくぼ・ひろお（左）
内田工業は昭和34年創業の遊具、公園施設の総合メーカー。名古屋市中川区に本社を構え、全国に事業所を展開する。都市公園コンクールで数々の受賞歴があり、業界屈指の実績を誇る。小笠原弘人さんは昭和57年入社で設計畑、小久保裕生さんは昭和58年入社で営業畑を歩み、ともに常務取締役を務める。

基準がなく職人の感覚次第

小久保「以前は傷んでしまったら撤去してしまう例もあったのですが、今は修繕して残そうというケースが増えています。滑り面のクラック（ひび割れ）をモルタルで埋めたり、玉石が欠けたり外れたりした箇所を直したり、修理する機会はよくあります」

小笠原「**補修すると、最初にちゃんとつくるのが重要だとよく分かる。**基礎の部分の土の配合や固め方、乾燥の仕方で強度が変わってくる。木くずなんか混ぜてあると、もろくて経年でスが入って玉石が沈んだり、クラックが入ったりすることもありますから」

小久保「すべり具合の基準も決まっていないので、職人さんの感覚次第。最初はあまりすべりがよくなくても、左官屋さんが『子どもが遊んどるうちにつるつるになるわ』と言って、実際にその通りになるんですよ」

小笠原「プレイマウントはなだらかなスロープになっていて面だけで構成されているので、垂直落下することがないし、怪我といってもせいぜい打ち身くらいで重大事故につながらないんです。実際に大きな事故の例は聞いたことがない。本当にうまくできてると思いますよ。だから、何十年もたつのに残っているんだと思います」

内田工業の昭和50年代のパンフレット。富士山すべり台は「プレイマウント」として掲載されている。写真は荒越公園（名古屋市中川区）

必死だったけど、あぁだこうだいいながらつくったのは楽しかったですねぇ

内田工業（株）・元役員
堀田盛夫さん

図面にはつくり方は一切指示がないんです

――富士山すべり台づくりに携わった生き証人の堀田さん。その証言から、知られざる苦労や難しさが明らかに！

「プレイマウントの図面は、このとおりにつくってくれというだけで、つくり方の指示は一切ないんです。社内で協議して、鉄の型を使うことになった。中心に回転軸を立てて型を回しながらやればまんべんなく曲線がつくれてきれいにできるんじゃないか、と。図面を原寸大にひいて合わせるだけだから、型づくり自体はそんなに難しいことはなかったですよ。重さは30kgくらいあったんじゃないかなぁ。他の造園屋さんがよく借りにみえました。

ほった・もりお
昭和16年生まれ。内田工業の創業メンバーとして昭和34年入社。最初につくったプレイマウントは昭和52年の本宮公園（名古屋市港区）。以後、30～40代にかけて、4基のプレイマウントづくりに直接携わる。現在は愛知県大治町在住。

土の山がきれいにできたら半分できたようなもの

「つくる工程では機械はほとんど使えません。多い時で10人がかりくらいで作業してました。下から順に土を盛って、羽子板で叩いて固めていく。時々水をまいたりしながら叩けば叩くほどしまっていく。相撲の土俵みたいなもんですね。土は山土で、このへんでは猿投か多度の土がよかったですね。何でも基礎が大事ですから、下地になる土の山がきれいにできたら半分できたようなもんです。

登り面に埋める玉石は、石屋さんで一個一個見て選ぶ。埋め込んだ時に子どもたちが登りやすいよう楕円形のものを選んで、生乾きのセメントに穴を掘って石を差すように埋めてモルタルで固めます。色も指定がないもんで、見本を2、3色持っていって市の担当者に決めてもらいます。一応、富士山をイメージして、そんなような感じの色ですね。雪の模様をどうするかという指定もない。これも担当者の好みで、模様の描き方は左官屋さんの感覚次第です。

つくった頃は2人の息子が幼稚園くらい。『お父さんがつくった』ということで余計に喜んで自慢しながら遊んでくれました。孫も6人おるんですが、小さい頃はよく連れて行きましたね。よく遊んでくれました。

当時は必死でしたけど、みんなであぁだこうだいいながらつくったのは、楽しかったですねぇ」

こんだけ遊んでもらえりゃあつくり甲斐があるなぁと思ったねぇ

名古屋植木（株）堀田和裕さん

遊んどる子の中には中学生もいた。顔まで覚えとる（笑）

——富士山すべり台第1号の吹上公園のプレイマウントを手がけた名古屋植木。当時大学生だった堀田和裕さんはその様子をカメラに収めた。

「うちは江戸時代からの庭師で、戦争の前後くらいから公園なんかの公共事業もやるようになったんです。僕はずっと営業畑だったもんで現場はあんまり見とらんのだけど、会社では公園のコンクリート遊具はいろいろつくっとったはずです。当時は結構流行りでね。**彫刻家がスケッチを描いて、そこから図面をおこしてつくるというのもあった時代です。**大きなものも石の山とかいろいろあって、プレイマウントも何ヶ所かはやっとると思うんだけど、ちょっと覚えがないですねぇ。当時の社員や職人さんたちももうほとんど残っとらんですからね。プレイマウントをつくっとった人も、4～5年前に99歳で亡くなったもんで、詳しいことは分からんのです。

吹上公園のプレイマウントは僕が大学生の頃の仕事で、**たまたま帰省していた時に見て、写真を撮りました。**あそこはもともと刑務所があった場所で、当時はまだ周りに何にもなくてね。家がぽつぽつと周りに建ち始めたくらい。公園の整備もバリケードも何もせずに、子どもも勝手に入ってくる、そんな時代でした。

図面にはつくり方までは書いとらんしお手本もないもんで、ずい分苦労したそうです。**親父が『これが結構難しいんだ。曲線をうまくつくるのは簡単じゃないんだ』とよくいってました。**

出来上がった後にも見にいったけど、びっくりするくらいたくさんの子どもたちが滑って遊んでくれとってね。小さい子だけじゃなく、中学生くらいの子もいたなぁ。顔まで覚えとる（笑）。こんだけ遊んでもらえりゃあ、つくり甲斐があるなぁと思ったねぇ」

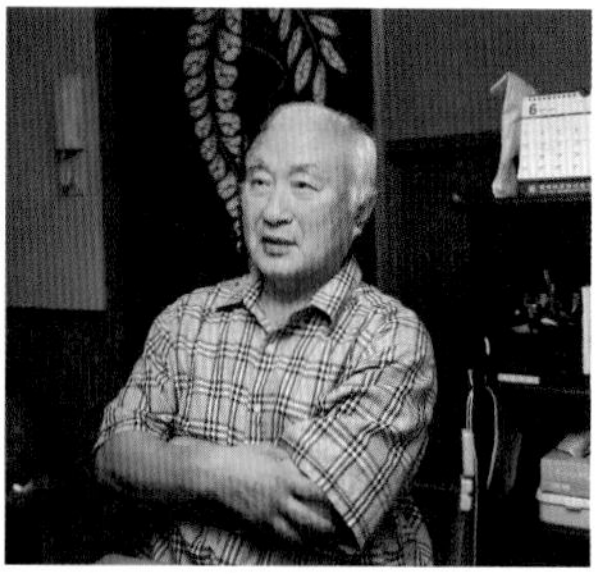

ほった・かずひろ
昭和21年生まれ。江戸時代から続く名古屋植木の6代目。青山学院大学卒業後、横浜国大植物社会学科を経て名古屋に戻って家業を継ぐ。名古屋植木は古くは武家、その後は商家や一般家庭の庭園を手がけ、近代になって公園整備などの公共事業に進出した。

「当時は新しく整備する公園の周りなんて、草ぼーぼーでなぁんにもなかったもんです」
堀田さんが撮影した吹上公園の竣工当時の写真。確かに周りにはナンにもない

一種の〝作品〟同じものは二度とつくれません

（株）七番組　都築純二さん

橋の橋脚とかの方がはるかに楽です

——半田市・雁宿公園の富士山すべり台は平成30年4月完成。現場での施工責任は、地元の大手建設業者である七番組が担当した。

「今は規格品の完成した遊具を現場で設置するケースが多いのですが、これは**いわゆる手づくり**。これだけ大きな築山遊具をつくるのは初めてだったので、最初は『きれいにできるんだろうか？』と悩みました。いろいろ考えて、鉄製の巨大な定規のようなものをつくって、それをあてながら曲線を整えていくことにしました。鉄パイプをセンターにたてて、そこにこの定規を取りつけて、少しずつ回しながら形をつくっていくわけです。

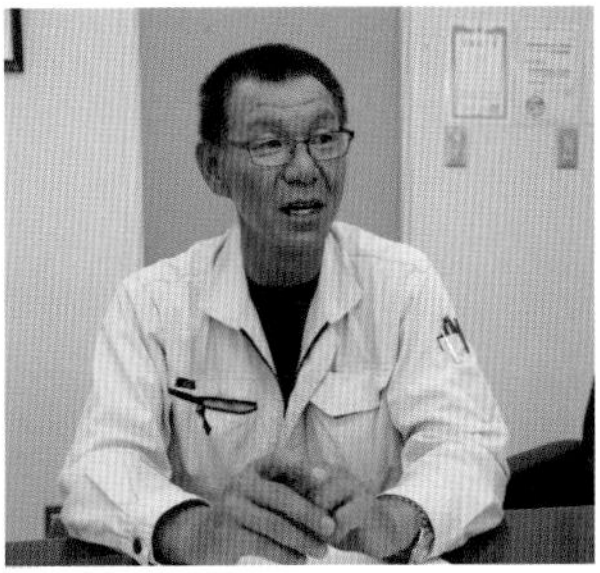

つづき・じゅんじ　七番組は愛知県半田市に本社を置く1875年創業の総合建設業者。マンション、公共施設、私宅、公園まで幅広く手がける。土木部次長として、雁宿公園再整備工事責任者として、富士山すべり台の施工に携わった。

最初に土でおおよその形をつくるのですが、土だけだと崩れてきて成形できないもんですから、**少しセメントを混ぜて固めていきました**。上の方だと角度が45度くらいあってかなり急なので、作業する人間も滑っちゃうんですよ。ベニヤを貼り合わせて人が乗るとたわむハシゴをつくって、それを使って登りながら作業をしました。仕上げの研ぎ出しなど、左官仕事は福井県の業者にやってもらいました。福井は今でも左官職人が多いんですよ。粉塵や騒音の対策のために大きなテントを設置して作業をしてくれました。

橋の橋脚なんかもつくりますが、ああいう図面どおりにぴったりつくれる方がよほど楽ですね。この築山も図面はありますが、曲線も仕上げも感覚によるところが大きい。出来上がりのイメージ、バランスが大事で、一種の〝作品〟ですよね。まったく同じものは二度とつくれない。工期は半年。**費用は一千万円じゃぁきかないと思います。**公園全体の整備の予算の中でつくりましたから、これだけでいくらという数字は出しにくいんです。それでも公園の目玉と思ってやってましたし、それにふさわしいものができたと思います。

雁宿公園の富士山すべり台はプレイマウントよりもひと回り大きい直径14m×高さ3m。「小さい子どもさんも遊んでくれているのがうれしいですね」（都築さん）

富士山すべり台一覧【名古屋市内】

1 昭和区 吹上公園
2 中区 裏門前公園
3 中区 葉場公園
4 中区 松原公園
5 中区 仲ノ町公園
6 中村区 中村公園
7 中村区 稲葉地公園
8 中村区 荒輪井荘
9 中村区 鴨付公園
10 中村区 二瀬公園
11 中村区 並木第一公園
12 中村区 柳公園
13 中村区 横井山緑地
14 中川区 郷内公園
15 中川区 松若公園
16 中川区 外浦公園
17 中川区 木藪公園
18 中川区 柳森公園
19 中川区 吉良第二公園
20 中川区 荒子公園
21 中川区 船入公園
22 中川区 丸池公園
23 中川区 中島中央公園
24 中川区 荒越公園

25 中川区 昭和橋公園
127 中川区 榎津公園
26 港区 丸池荘
27 港区 土古公園
28 港区 本宮公園
29 港区 泰明南荘
30 港区 小碓中央公園
31 港区 善南公園
32 港区 宝神中央公園
33 港区 十一屋第二公園
34 港区 西稲永荘
35 港区 稲永東公園
36 港区 港陽公園
37 熱田区 二番荘
38 熱田区 大瀬子公園
39 南区 内田橋南第二公園
40 南区 大生公園
41 南区 宝生公園 ※令和2年度撤去
42 南区 水袋公園
43 南区 元塩公園
44 南区 上浜南公園
45 南区 松風公園
46 南区 呼続公園
47 南区 桜公園

48 南区 杓子田公園
49 南区 笠寺公園
50 南区 芝公園
51 南区 白雲公園
52 緑区 浦里公園
53 緑区 鳴海城跡公園
54 緑区 坊主山公園
55 緑区 姥子山北公園
56 緑区 新海池公園
57 緑区 篠の風公園
58 緑区 要池公園
59 天白区 梅野公園
60 天白区 中曽根公園
61 天白区 下山畑公園
62 天白区 菅田公園
63 天白区 宮脇公園
64 天白区 島田公園
65 天白区 屋下公園
66 瑞穂区 中根南部公園
67 瑞穂区 中根公園
68 名東区 梅森荘
69 名東区 深田池公園
70 名東区 宝が丘公園
71 名東区 上社西部第二公園

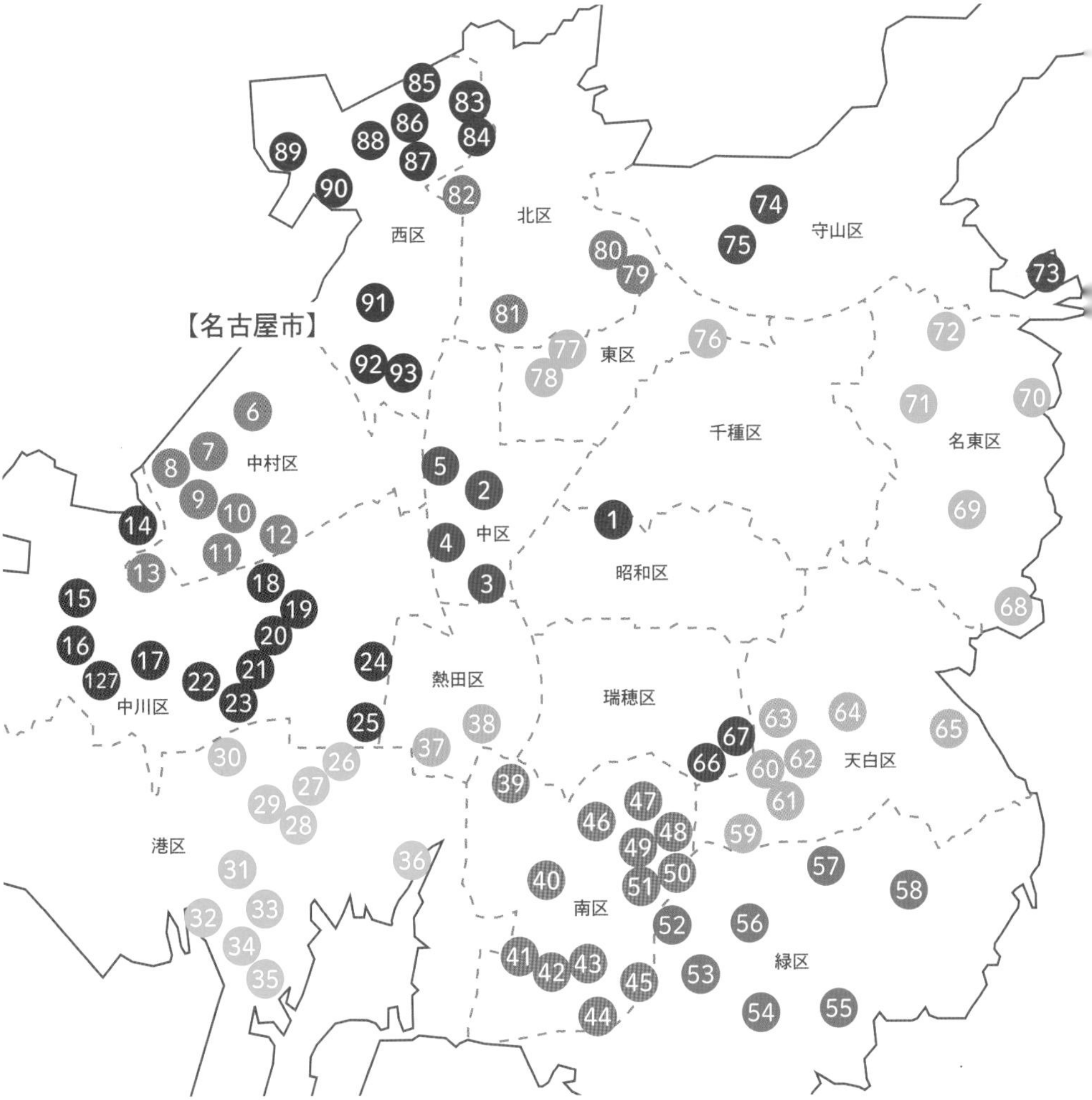

72	名東区	九合田公園
73	守山区	本地荘
74	守山区	川村公園
75	守山区	永森公園
76	東区	前浪荘
77	東区	東芳野公園
78	東区	東白壁公園
79	北区	上飯田南荘（あじさい広場）
80	北区	上飯田南荘（富士山公園）
81	北区	金作公園
82	北区	福徳荘
83	西区	蛇池公園（北）
84	西区	蛇池公園（南）
85	西区	玉塚公園 ※令和2年度撤去
86	西区	赤城公園
87	西区	五町公園
88	西区	平塚公園
89	西区	見寄公園
90	西区	中小田井公園
91	西区	児玉南公園
92	西区	南押切公園
93	西区	桜木公園

富士山すべり台一覧【名古屋市外】

94 稲沢市　北出公園
95 一宮市　黒田第2児童遊園
96 小牧市　市営大輪住宅
97 小牧市　桃花台第1公園
98 小牧市　城山第1公園
99 小牧市　桃花台中央公園
100 小牧市　桃花台第4公園
101 春日井市　はなのき公園
102 春日井市　丸山公園
103 春日井市　上ノ場公園
104 春日井市　山ノ脇公園
105 春日井市　杁ヶ島公園
106 春日井市　上八田住宅児童遊園
107 春日井市　小針公園
108 長久手市　後山公園
109 日進市　にしうしろ公園
110 愛知郡東郷町　和合ケ丘中央公園
111 東海市　富田公園
112 大府市　あいち健康の森公園
113 知多郡東浦町　県営東浦住宅
114 知多郡東浦町　高根中央公園
115 知多郡東浦町　高根南公園
116 知多郡阿久比町　高根台中央公園
117 知多市　岡田美里町公園
118 常滑市　多屋公園
119 半田市　雁宿公園
120 岡崎市　熊野公園
121 田原市　夕陽が浜東公園
122 瑞穂市　馬場公園
123 桑名市　東谷第1公園
124 四日市市　三本松公民館
125 津市　泉ケ丘団地児童公園
126 加賀市　小菅波公園

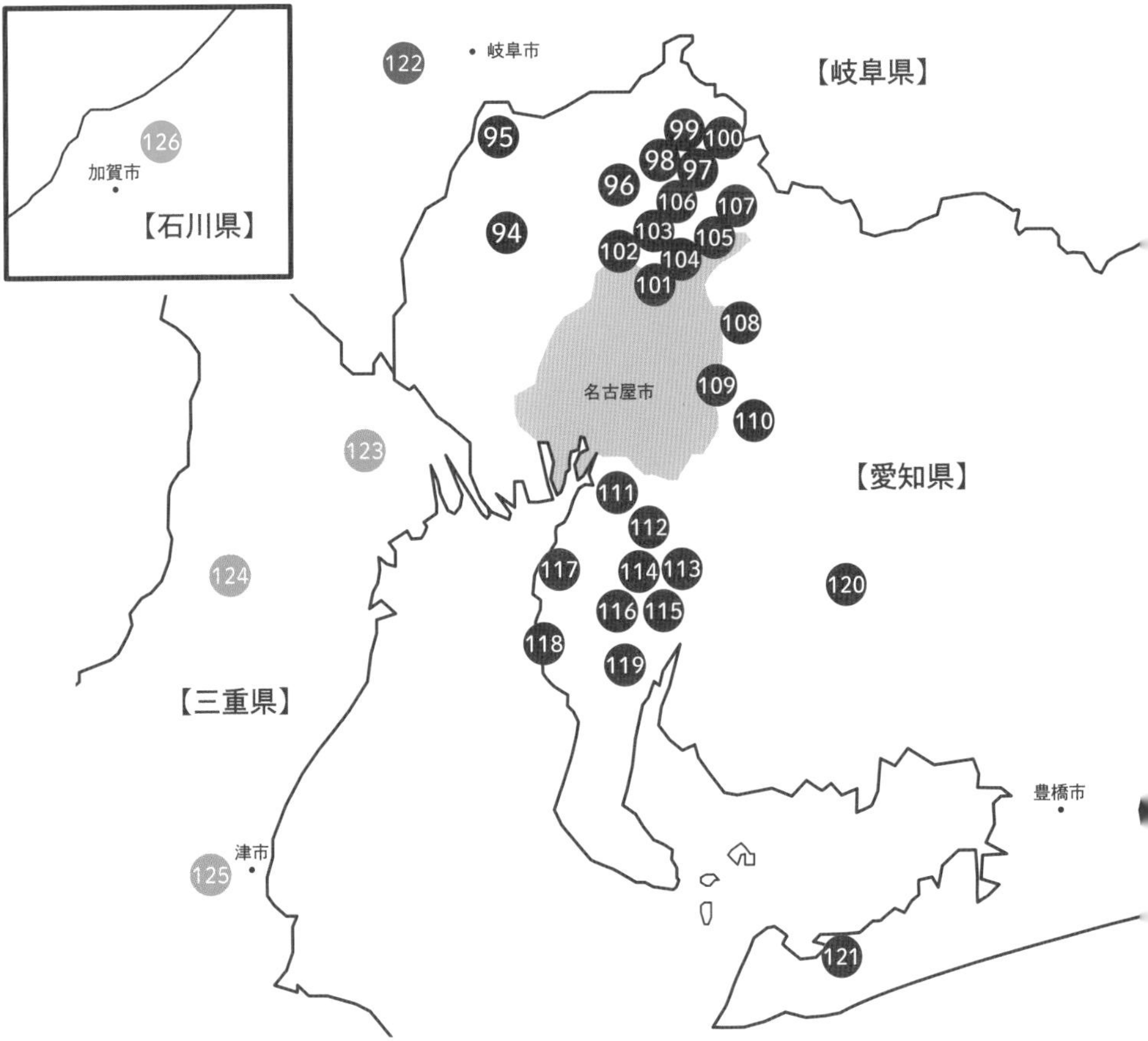

126
加賀市
【石川県】
122
岐阜市
【岐阜県】
95
99
100
98
97
96
106
107
94
103
105
102
104
101
108
名古屋市
109
110
123
【愛知県】
111
112
117
114
113
120
124
116
115
118
119
【三重県】
豊橋市
津市
125
121

氷室荘
平成 27 年（2015）8 月撮影

幅下公園

愛知県名古屋市西区／昭和47年度 - 平成 3 年度（1972 - 1991）プレイマウント A

旧幅下小学校の北隣、昭和49年に開園した幅下公園。細長い公園の東側に大きなプレイマウントがありました。

山下公園

愛知県名古屋市守山区／昭和47年度 - 平成 4 年度（1972 - 1992）プレイマウント A

守山プールでおなじみの山下公園です。区民にはよく知られたところ。プールで遊んだあとの富士山すべり台は忘れられない思い出でしょう。

星宮公園

愛知県名古屋市南区／昭和49年度 - 平成 8 年度（1974 - 1996）プレイマウント B

天白川沿いに造られたピンク色の小型プレイマウントです。

瓶ノ井公園

愛知県名古屋市名東区／昭和49年度 - 平成 2 年度（1974 - 1990）プレイマウント A

およそ15年で無くなった短命なプレイマウント。名東区が昭和50年（1975）の2月に千種区から分区独立した頃につくられています。

県営東浦住宅

愛知県知多郡東浦町／昭和50年度-令和元年度（1975-2019）プレイマウント10m

県営東浦住宅
平成 30 年（2018）5 月撮影

プレイマウントタイプですが大きさはAとBの中間の直径10m。住棟が竣工した昭和50年当時に造られたものです。住棟建て替えに伴って、令和元年の夏に解体されました。

浦里荘

愛知県名古屋市緑区／昭和51年度 - 平成16年度（1976 - 2004）プレイマウント B

近隣にある浦里公園のプレイマウントと同時期に完成。肌理の粗い灰色、バランスの良い富士山らしい形です。居住者用の駐車場整備のため解体されています。

浦里荘
平成 12 年（2000）11 月撮影

野並公園

愛知県名古屋市天白区／昭和52年度 - 平成 7 年度（1977 - 1995）プレイマウント A

昭和52年の航空写真には建造中と思しきプレイマウントの姿も。色は薄い青に白の冠雪でしょうか。名古屋市上下水道局野並ポンプ所の建設工事に伴って撤去されています。

新山田北荘

愛知県名古屋市北区／昭和51年度 - 平成 4 年度（1976 - 1992）プレイマウント B

住棟の東側にプレイマウント、西側にクライミングスライダーが設置されていました。平成４年度に駐車場整備のためプレイマウントが撤去されています。

新栄公園

愛知県名古屋市中区／昭和52年度 - 平成 7 年度（1977 - 1995）プレイマウント B

栄の東エリア、都心に近い住宅地に造られた小型のプレイマウント。20年足らずで撤去され、跡地には盛土の小山が造られています。

新栄公園　プレイマウント跡地

既に解体された富士山すべり台

大杉公園
愛知県名古屋市北区／昭和43年度 - 平成２年度（1968 - 1990）プレイマウントＡ

最初期のプレイマウントで北区の第一号です。石の山と並んで造られました。

池田公園
愛知県名古屋市中区／昭和43年度 - 平成８年度（1968 - 1996）プレイマウントＡ

栄の繁華街に造られています。ラダー（雲梯）併設でピンク色。石の山や砂場などかつてはコンクリート遊具の多い公園でした。

新開公園
愛知県名古屋市瑞穂区／昭和44年度 - 昭和53年度（1969 - 1978）プレイマウントＡ

プレイマウント初の解体事例でしょうか。建造からわずか10年足らずで解体されたとみられます。撤去の理由は不明です。

柳町どんぐりひろば
愛知県名古屋市西区／昭和45年度 - 平成22年度（1970 - 2010）

手作り感のある富士山。直径５ｍほどの可愛らしいサイズです。見たところ築山遊具であって、すべり台ではなさそう。「どんぐりひろば」は幼児のための遊び場で、地域と行政が協同で設置したもの。わが町にも富士山遊具が欲しい、と幼児向けに設計したのでしょうか。老朽化は進んでいたものの、無くなったのは残念です。

柳町どんぐりひろば
平成 13 年（2001）１月撮影

山吹谷公園
愛知県名古屋市東区／昭和46年度 - 平成７年度（1971 - 1995）プレイマウントＡ

東区に造られたプレイマウントの第一号で、名古屋城に近い都心部にありました。

六反公園
愛知県名古屋市中村区／昭和46年度 - 平成２年度（1971 - 1990）プレイマウントＡ

名駅や笹島からも近い公園。かつては名鉄線や国鉄線からもプレイマウントが見えたようです。平成初頭に解体されました。

興正寺公園
愛知県名古屋市昭和区／昭和46年度 - 平成22年度（1971 - 2010）プレイマウントＡ

数少ない昭和区のプレイマウント。現存する吹上公園は昭和土木事務所の管轄ながら、プレイマウントは千種区側にありますからね。八事山興正寺の駐車場建設のため撤去されました。

興正寺公園
平成 12 年（2000）８月撮影

長町公園
愛知県名古屋市中川区／昭和46年度 - 平成５年度（1971 - 1993）プレイマウントＡ

道を挟んで名古屋市立八熊小学校と隣接する公園。大型のプレイマウントがあったのですが、短命に終わりました。

善北公園
愛知県名古屋市港区／昭和46年度 - 平成７年度（1971 - 1995）プレイマウントＡ

昭和47年の開園。ラダーつきのプレイマウントAがありました。コンクリートのステップ遊具は今も健在です。

氷室荘
愛知県名古屋市南区／昭和46年度 - 平成29年度（1971 - 2017）プレイマウントＡ

氷室荘は木造からの建て替えで生まれた高層団地。13階建ツインコリダーが４棟も並ぶ規模の大きさは、市営住宅として初の試みでした。そんな氷室荘にできたプレイマウントも市営住宅初。近年耐震強度の不足から住棟の建て替え工事が進んでいます。

西茶屋荘（北）
平成 13 年（2001）5 月撮影

西茶屋荘（南）

愛知県名古屋市港区／昭和56年度 - 平成22年度（1981 - 2010）プレイマウントＢ

南側にあった、４棟手前のピンクのプレイマウント。西茶屋荘にあった紅白２つのプレイマウントは駐車場整備のため姿を消しています。

西茶屋荘（南）
平成 13 年（2001）5 月撮影

玉の井公園

愛知県名古屋市熱田区／昭和56年度 - 平成9年度（1981 - 1997）プレイマウントＢ

同じ熱田区の大瀬子公園と同時期に完成、ですがこちらは普通のプレイマウントＢです。色は白でしょうか。解体された理由は不明です。わずか16年の短命なプレイマウントでした。

元塩荘

愛知県名古屋市南区／昭和56年度 - 平成24年度（1981 - 2012）プレイマウントＢ

現在の元塩荘は木造から建て替えられた高層団地で、建て替えに合わせてプレイマウントも完成しました。こちらは小型のプレイマウントＢですが、ピンクと青の配色が、同じ南区の氷室荘とそっくり。撤去後の跡地はグラウンドとして整備されています。

元塩荘
平成 12 年（2000）7 月撮影

ふじさん児童遊園

愛知県小牧市／昭和５６年度 - 平成２７年度（1981 - 2015）プレイマウントＢ

小牧市のプレイマウントとしてはここが最初、名古屋市のプレイマウントＢとほぼ同型です。撮影当時は武骨なグレー単色ですが、もともとは白かったのでしょうか。児童遊園のリニューアルにあわせてプレイマウントも撤去され、替わりに富士山型の築山が造られました。さすが「ふじさん児童遊園」。

小牧市ふじさん児童遊園
平成 27 年（2015）9 月撮影のプレイマウント

小牧市ふじさん児童遊園
平成 30 年（2018）6 月撮影の築山

花ノ木公園

愛知県名古屋市西区／昭和59年度 - 平成５年度（1984 - 1993）プレイマウントＢ

およそ10年ほどしか使われていない、短命なプレイマウント。撤去の理由は不明です。

※おおよそ設置時期の古い順
※設置、撤去年度は航空写真等による推定です

県営長久手住宅

愛知県長久手市／昭和52年度 - 平成20年度（1977 - 2008）プレイマウントB

名古屋インターのすぐ東側にある県営長久手住宅。こちらのプレイマウントは駐車場整備で解体されています。

黒田第３児童遊園

愛知県一宮市／昭和52年度-令和元年度（1977-2019）プレイマウント8.5m

プレイマウントBを一回り大きくした直径8.5mに、トンネル、鎖場、梯子を併設。かつては鉄製のすべり台もついていました。児童クラブ棟建設に伴い、令和元年の夏に解体。

黒田第３児童遊園
平成 30 年（2018）７月撮影

榎木荘

愛知県名古屋市千種区／昭和53年度 - 平成８年度（1978 - 1996）プレイマウントA

小さな児童遊園に目一杯の大きさのプレイマウントA。駐車場建設の工事に伴って解体されています。

玄馬公園

愛知県名古屋市北区／昭和53年度 - 平成24年度（1978 - 2012）プレイマウントB

見てのとおり、ずいぶん早くから老朽化していたようです。

玄馬公園
平成 12 年（2000）７月撮影

港南荘

愛知県名古屋市港区／昭和54年度 - 平成８年度（1979 - 1996）プレイマウントB

木造住宅の建替え時に設置したもので、近くにある西稲永荘のプレイマウントと同時期です。駐車場設置のため撤去されました。

森の里荘

愛知県名古屋市緑区／昭和54年度 - 平成３年度（1979 - 1991）プレイマウントB

名古屋の人なら栄始発のバス路線「高速1号森の里団地行き」でピンとくる、そんな森の里荘のプレイマウントは短命でした。建設から約12年後に居住者用の駐車場拡張のために取り壊し。もったいないなぁ。

南山公園

愛知県豊田市／昭和54年度-令和元年度（1979-2019）プレイマウントB

東郷町の和合ケ丘中央公園にある富士山すべり台と似ています。こちらは直径8mなのでプレイマウントBタイプ。よく見ると薄い青色と冠雪表現が確認できます。両者そっくりな形ですが、後発の南山公園のほうがより簡素な仕上がりでした。令和元年度に撤去され新しい遊具に更新されています。

南山公園
平成 27 年（2015）９月撮影

二子山公園

愛知県春日井市／昭和55年度 - 平成４年度（1980 - 1992）石の山直径７m

味美二子山古墳など三つの古墳を有する春日井市の二子山公園。ここの富士山すべり台も短命でした。公園の改装のために建造から10年ちょっとで撤去されています。

西茶屋荘（北）

愛知県名古屋市港区／昭和55年度 - 平成22年度（1980 - 2010）プレイマウントB

北側のほうの、５棟手前にあった白いプレイマウント。もともとは水色に冠雪姿で、南側にあったピンクのプレイマウントと一対になっていました。

富士山すべり台を探す＆調べる

富士山すべり台は、私・牛田が研究対象とするまでネットにはほとんど情報がなく、また資料文献については現在にいたるまでまとまったものはほぼ皆無だ。現代社会においては、ネットに情報がないものは状況的に〝存在しない〟に等しい。さらには図書館で検索してヒットしなければ対象に迫るのは至難の業だ。興味を持った対象が極めてニッチな場合、どうやってアプローチすればいいのか？　その方法を解説する。

富士山すべり台の探し方

◆グーグルマップ

衛星写真で上空からくまなく見ていく。気になるものを見つけたらストリートビューでさらに確認。本の地図を併用して公園、団地、学校などに書き込みを入れていくとより確実に遊具を拾える。

◆国土地理院　地図・空中写真閲覧サービス

解像度はグーグルマップに劣るが過去の膨大な空中写真を見られる。今では木陰に隠れた遊具も発見できる上、既に撤去された遊具が見つかるケースもある。

◆グーグル検索、グーグル画像検索

グーグルでの検索は調査の基本。だが、ある程度知られたものしかヒットせず、〝くまなく探す〟という目的には向いていない。

富士山すべり台の調べ方

［インターネットによる調査］

◆名古屋市の公共サービス

「名古屋市都市計画情報提供サービス」は名古屋市が提供している都市計画の詳細情報。昭和30年以降の航空写真は解像度が高く、遊具もはっきりと確認できる。前出の「国土地理院　地図・空中閲覧サービス」と組み合わせれば、2〜3年程度の誤差で富士山すべり台の初出年から、既に撤去されたものの完成時期、解体時期まで分かる。

◆グーグルアース、グーグルマップ

グーグルアースでは2001年頃まで

①設置場所
・衛星写真、空中写真をくまなく見る
グーグルマップ、国土地理院の地図・空中写真閲覧サービス

←

②設置年度・撤去年度
・撮影年の異なる衛星写真、空中写真の組み合わせ
・各区の公園施設総数の推移
名古屋市都市計画情報サービス（航空写真）、国土地理院の地図・空中写真閲覧サービス、グーグルアース、『みどりの年報』

←

③公園の情報
『名古屋市の公園』、『広報なごや』

遡って衛星写真が閲覧可能。ストリートビューでは過去画像が見られる。衛星写真では距離の測定もできるので、富士山すべり台の直径まで分かる。

〔図書館での調査〕

◆地域資料

『みどりの年報』

名古屋市緑政土木局が年1回発行。プレイマウントなど各区の公園設備の総数を掲載。推移を集計すれば設置年度や撤去年度を特定するヒントになる。

『名古屋市の公園』

同じく市緑政土木局が毎年発行。公園の使用開始日を記載。公園名にふりがながついているのもありがたい。

『広報なごや』

昭和40年代のバックナンバーには遊び場が次々つくられる様子、高層化・大規模化する市営住宅など、当時の最新の公園の情報が生き生きと描かれている。

図書館司書に聞く 〝調べ方〟

名古屋市千種図書館　藤本昌一さん

「『富士山すべり台』のキーワードでは、過去に文献がないのでめぼしい資料は見つかりません。そこで、広義の言葉、関連する言葉に置き換えます。『すべり台』『遊具』『公園』『遊び』など。図書館の資料は日本十進分類法というルールにのっとって本が並べられています。これにそって様々な方向から見ていくのが図書館員的な調べ方になります。では図書館の資料の中で『公園』はどういうカテゴリーに入るのか？　造園、都市計画、海中公園、児童公園などひと言で公園といってもいろいろある。造園の中には遊戯施設、砂場、すべり台、ブランコなども含まれるので、ここから広げていくのもいいでしょう。図書館で司書によるレファレンスサービスも行っているので、まずは最寄りの図書館で相談してみてください」

地域資料の多くは持ち出せないので、コピーには資料名を忘れずメモしよう

まさかの新作登場！ 富士山すべり台の明日

2019.07.10　成形して砕石を突き固める（写真提供 名古屋市緑政土木局）

2019.07.17　円い外周を先につくる

2019.08.08　「プレイマウント工　下地築山コンクリート完了」きょうはテント設営

2019.08.09　ほぼ完成に近い形になってきた

「新川沿いに何かつくっているみたいですけど富士山ですかね？」

職場の同僚によると、工事中の造成地で最近（令和元年7月当時）、遊具らしきものをつくっているという。それがどうも富士山に見えるというのだ。さっそくその日のうちに見に行ったところ、なんというか衝撃的なものがそこにあった。

まさに砂利でできた富士山。山頂には石貨のような丸いコンクリートが平らに寝かせてあり、登る足場らしき筒が見える。山の周囲を先にコンクリートで丸く仕上げてある様子や、山頂から弧を描くゲージなどは、内田工業（１３２ページ）や七番組（１３５ページ）など関係者のインタビューで聞いていたとおりだ。

「まさか本当にプレイマウントなのか？」ワクワク感が止まらない。

その日から定点観察を続けることで、これまで想像でしかなかった建設の様子を、とうとう見届けることができた。富士山本体の施工と、表面のモルタル仕上げは、受け持つ業者が異なること。研ぎ出し

2019.08.30　完成

2019.08.23　色モルタルは外周から

2019.08.25　研ぎ出し

2020.04.25　開園

斜面の形を決めるゲージ。山頂を中心に360°回転する

作業が細やかな手仕事であること。最後に周りを土で埋めて、地面との段差をなくすこと。遊具が出来上がってゆくプロセスは、ひとつひとつが見ていて楽しくまた美しい。

こうして令和2年4月25日、榎津《よのきづ》公園が供用開始。名古屋市で富士山型のプレイマウントがつくられたのは緑区の姥子山北公園以来20年ぶりだ。令和の今になって、なぜ懐かしの遊具が新設されたのだろう？　公園を管理している名古屋市緑政土木局中川土木事務所の花井係長にお話を伺った。

——なぜ今になってプレイマウントがつくられたのでしょうか？

花井「現地は小公園なので、大きな複合遊具は置けません。また20年～30年後に遊具を新しく取り替えるときに、ここは堤防沿いですから一部の土地が河川保全区域になって、土を掘るにも河川管理者の許可が必要になるんです」

——手続きとか大変だったんですね。

花井「コンクリート遊具は寿命が長いですし、少ない遊具でも子どもたちみんなが遊べます。それに私自身もプレイマウントに興味がありまして（笑）。入局して十数年、つくるところを一度も見たことが

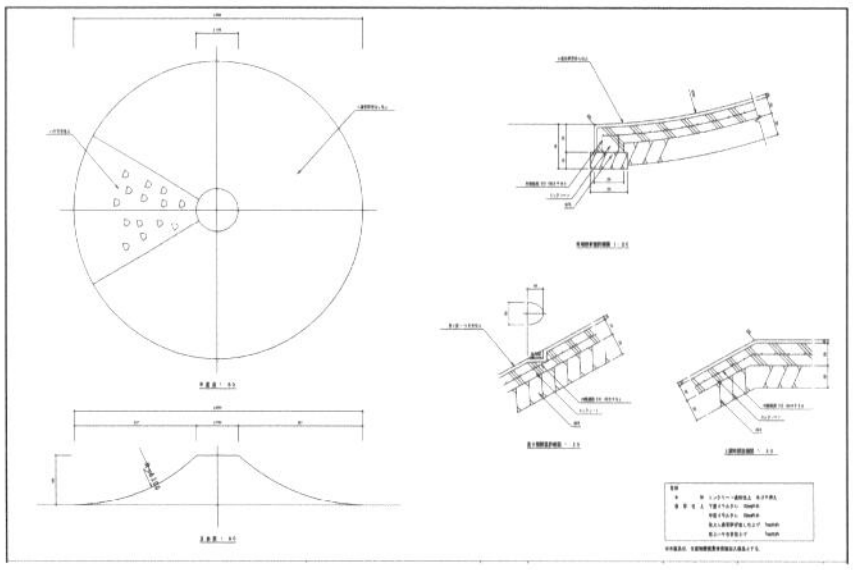

直径8,000mm
高さ1,350mm
山頂の直径1,166mm
斜面R=5,300mm
（提供　名古屋市緑政土木局）

ないので、どんなものかと関心がありました」

――なんと（笑）花井さんご自身が興味をお持ちとは。

花井「改善点としては、登るところ。玉石は年数が経つと割れたり外れたりするおそれがあるので、玉石をなくしてくぼみを付けました」

――高さも従来より低くなってますよね。

花井「よくご存知で。これは安全面もありますが、公園のすぐ前に家が建つ予定なので、家の中が覗かれないように、見晴台にならないように、という意味合いもあります」


なんとプレイマウントの新設にはきちんとした理由があったのだ。

橋などの土木構造物は、利用目的やコスト、現場の地理やその時代の技術などから、必然的に形が決まってくると聞く。これは遊具であっても同じこと。一見レトロなものに思われがちなコンクリート遊具は、決して過去のものではなかった。時代の要請に合わせて姿を変化させながら、たくましく生き続けているのだ。

榎津公園《よのきづこうえん》　127

名古屋市中川区

Yonokizu Park

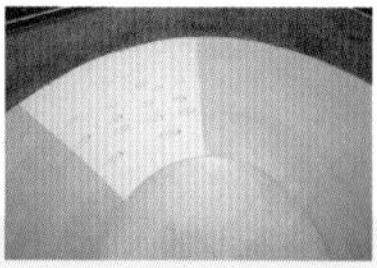

愛知県名古屋市中川区富田町大字榎津東新海　|　令和元(2019)年度

あとがき

幸いなことに富士山すべり台研究はさまざまな人たちに関心を持っていただき、結果このように本としてまとめることができました。まずは富士山すべり台研究に関わりお付き合いくださった皆さんに感謝申し上げます。このような古い遊具の調査研究は近年のネット環境の整備によって初めて可能になったものです。グーグルマップや古い航空写真に自由にアクセスできる環境や、希少な文献のデジタル化、図書検索サービスの充実など、調べごとをめぐる状況はリアルタイムで良いほうに変化しています。私のような素人研究でも良質な資料に当たることができるのですから、これから何かを調べたい人にはうってつけの環境が整いつつあります。

富士山すべり台について言えば、残された文献はとても少なかったのですが、過去から現在までの航空写真が自宅で閲覧できるネット環境が整っていたおかげで、誰も知らなかったデータベースをまず作成することができました。これに加えて市役所や建設に携わった人々への聞き取りを進めることで設置された経緯や建設方法などを知り、全体像としてまとめることができたのです。

しかし遊具全体の歴史に関しては、調べようにも全くのお手上げ状態でした。「物事を知れば知るほど分からないことは増えてゆく」とよく言われますが、コンクリート遊具の変遷を調べてみるとまさにその言葉どおりで、謎のまま持ち越したテーマがいくつも浮かび上がりました。

例えば日本のコンクリート遊具の始まりは関東大震災以降の震災復興公園など、大正末期につくられたすべり台が最初期のようですが、名古屋市南区の道徳公園のクジラ像のように、この時期に日本各地でどれだけのコンクリート遊具がつくられていたのか。彫刻家によるプレイスカルプチャーはどれほどの広がりを見せたのか。昭和40年代にコンクリート遊具の大量生産が行われた各都市の実際。などなど。

　遊具関係の資料はとても少なくて、昭和30年代はまだ公園整備の当事者が記録を残していますが、その前後の時期に遊具について書かれた記事はなかなか見つけられずにいます。地域資料や雑誌記事などの断片を集めてそこから見えてくるものはないか、これからの楽しみにしたいと思います。

もしあなたが遊具の世界に興味を持ったのであれば、ネットで調べたユニークな遊具を見に行くのもいいですが、同時に公園の様子もゆっくりと観察することをお勧めします。みんな公園で何をしているのだろう。子どもたちはどんな遊びをしているのだろう。この町にはどんな人々がいるのだろう。そうやって過ごした時間が面白さの種になり、新しい発見につながるヒントになります。

　私の富士山すべり台研究は古い航空写真や記事を大量に見続けることで、当時の人々がかけてきた熱情に相当感化されてきました。印刷物として図書館に残されたがゆえに出会うことができた資料。これらの資料のように50年先、80年先の人にも手に取ってもらい、参考資料として活用してほしい。そんな想いから書籍化を目指して取材を進めてきました。遠い未来に私のような好事家が図書館の書庫からこの本を見つけ出してくれたなら、どんなにうれしいことだろう、と密かに願っています。この本が遠い人々にまで届きますように。ありがとうございました。

牛田吉幸

〈参考資料〉

『みどりの年報』年刊　名古屋市緑政土木局緑地部緑地管理課

『名古屋市の公園』年刊　名古屋市緑政土木局緑地部緑地管理課

『広報なごや』月刊　名古屋市市長室広報課

広報なごや　318 号　昭和 49 年 6 月 5 日　西区版　五町公園が一部完成

広報なごや　314 号　昭和 49 年 2 月 5 日　南区版　整備すすむ　芝・水袋・鳴尾東公園

広報なごや　314 号　昭和 49 年 2 月 5 日　千種区版　越前公園完成

広報なごや　308 号　昭和 48 年 8 月 5 日　南区版　区内散歩観音公園

広報なごや　294 号　昭和 47 年 6 月 5 日　南区版　区内散歩道徳公園

広報なごや　288 号　昭和 46 年 12 月 5 日　東区版　山吹谷公園オープン（昭和 46 年 11 月 13 日）

広報なごや　285 号　昭和 46 年 9 月 5 日　遊びながら交通訓練　中　児童交通公園

広報なごや　283 号　昭和 46 年 7 月 5 日　市営住宅の第二期五ヵ年計画　氷室荘　梅森荘など

広報なごや　280 号　昭和 46 年 4 月 5 日　よい子にプレゼント　中児童交通公園が完成

広報なごや　277 号　昭和 46 年 1 月 1 日　中区版　児童交通遊園着工

広報なごや　275 号　昭和 45 年 11 月 5 日　南区版　区内散歩　ふえる高層住宅群　明治学区の巻

広報なごや　271 号　昭和 45 年 7 月 5 日　市営住宅の課題

広報なごや　269 号　昭和 45 年 5 月 5 日　児童福祉の現状

広報なごや　256 号　昭和 44 年 4 月 5 日　市民いこいの場

広報なごや　248 号　昭和 43 年 8 月 5 日　高層化すすむ市営住宅

広報なごや　238 号　昭和 42 年 11 月 5 日　どんぐりひろば誕生

広報なごや　227 号　昭和 41 年 12 月 5 日　さようなら昭和 41 年

広報なごや　223 号　昭和 41 年 8 月 5 日　展示館建設急ピッチ

名古屋市例規類集　https://www1.g-reiki.net/city.nagoya/reiki_menu.html

都市公園の名称、位置及び区域並びに供用開始の期日　昭和 52 年 2 月 1 日　告示第 38 号（令和 2 年 9 月 1 日施行）　https://www1.g-reiki.net/city.nagoya/reiki_honbun/i502RG00000533.html

名古屋市住宅供給公社　一般募集・募集住宅一覧表（2020 年 08 月 21 日）https://www.jkk-nagoya.or.jp/osirase/siei/osirase_ippanoshu.html

市営住宅の平成 29 年度第 2 回一般募集のご案内（リンク切れ）

市営住宅の平成 29 年度第 3 回一般募集のご案内（リンク切れ）

小牧市：小牧市の都市計画 http://www.city.komaki.aichi.jp/admin/soshiki/toshiseisakubu/toshikeikaku/1/2_1/toshikeikaku/30459.html

【名古屋市公式】新しい町づくり 猪高西山（昭和 35 年制作）　まるはっちゅ～ぶ（名古屋市）　https://www.youtube.com/watch?v=Iv5abKQvG5M

名古屋市：耐震性能の低い市設建築物の公表について　http://www.city.nagoya.jp/bosaikikikanri/page/0000103675.html

名古屋市：暮らしの情報 どんぐりひろば http://www.city.nagoya.jp/kurashi/category/8-14-3-6-0-0-0-0-0-0.html

名古屋市：暮らしの情報 道徳公園クジラ像 http://www.city.nagoya.jp/kankobunkakoryu/page/0000028725.html

名古屋市：暮らしの情報 東山動物園恐竜像 http://www.city.nagoya.jp/kankobunkakoryu/page/0000028710.html

河辺伸二・渡辺正雄・中村真悟「報告　東山動植物園のコンクリート製恐竜像の内視鏡による内部調査」コンクリート工学年次論文集　36（1）2014　http://data.jci-net.or.jp/data_html/36/036-02-1351.html

河辺伸二・渡辺正雄・鈴木好昭「報告　東山動植物園のコンクリート製恐竜像の内部調査」コンクリート工学年次論文集　37（1）2015　http://data.jci-net.or.jp/data_html/37/037-02-1298.html

レファレンス協同データベース　東山動物園内にあるコンクリートでできた恐竜は何なのか。　http://crd.ndl.go.jp/reference/modules/d3ndlcrdentry/index.php?page=ref_view&id=1000072801

『名古屋の公園』名古屋市役所　1943-05

東海市役所：東海市の文化財　聚楽園大仏及び境内地 http://www.city.tokai.aichi.jp/item/13549.htm#itemid13549

大竹敏之『コンクリート魂　浅野祥雲大全』青月社　2014-09
加納誠『近代史を飾る コンクリート製彫刻・建造物職人 後藤鍬五郎』後藤鉦　2004-10

「稲葉地公園計画図」「荒子公園計画図」「吹上公園計画図」「老松公園計画図」「西大須公園計画図」「橘公園計画図」「鶴里公園設計予想図」「元柴田公園平面図」名古屋市市政資料館蔵

『名古屋の公園 100 年のあゆみ』名古屋の公園 100 年のあゆみ編集委員会／編　2010-03
『名古屋都市計画史（大正期～昭和 44 年）』財団法人 名古屋都市センター　1999-03
名古屋市都市計画公園緑地等の歴史（戦後～昭和 44 年）http://www.nup.or.jp/nui/information/toshikeikakushi/index.html

『空から見た名古屋市―愛知県航空写真集』中日新聞本社　1989-04

浅井正明『中村公園』名古屋市公園緑地協会　1985
『木曽川町史』：児童館と児童遊園　木曽川町史編纂委員会　1981-11
『中京競馬 40 年のあゆみ』中央競馬ピーアール・センター　日本中央競馬会中京競馬場　1993-12

『新都市』17（9）　都市計画協会　1963-09

早川洋一『名古屋市の都市公園並びに都市計画公園に設置されている遊具とその管理状況についての実態調査』名古屋学院大学論集（通号 1）　1964-07
早川洋一・中島豊雄『名古屋市の児童遊園地に設置されている遊具とその管理状況についての実態調査』名古屋学院大学論集（通号 2）　1965-06
早川洋一・中島豊雄『名古屋市の市営住宅団地内児童遊園地に設置されている遊具とその管理状況についての実態調査』名古屋学院大学論集（通号 5）　1966-03
早川洋一・中島凮雄『名古屋市の住宅団地内児童遊園地に設置されている遊具とその管理状況についての実態調査―日本住宅公団住宅団地・愛知県営住宅団地・愛知県住宅協会住宅団地』名古屋学院大学論集（通号 6）　1966-06
早川洋一・中島豊雄『子どもの遊び場に設置されている遊具とその管理状況―名古屋市の都市公園・児童遊園地・団地遊園地』名古屋学院大学論集（通号 7）　1966-09
早川洋一・中島豊雄『名古屋市における児童遊園地管理運営についての実態と問題点』名古屋学院大学論集（通号 9）　1967-03
早川洋一『名古屋市のどんぐり広場に設置されている遊具とその管理状況についての実態調査』名古屋学院大学論集（通号 17）　1969-03

国土地理院　地図・空中写真閲覧サービス　https://mapps.gsi.go.jp/maplibSearch.do#1
名古屋市都市計画情報提供サービス　http://www.tokei-gis.city.nagoya.jp/
Google マップ　https://www.google.co.jp/maps/
Google Earth
名古屋市図書館ホームページ　https://www.library.city.nagoya.jp/
まるはち横断検索　https://maruhachi.calil.jp/
国立国会図書館サーチ　https://iss.ndl.go.jp/
国立国会図書館リサーチ・ナビ　https://rnavi.ndl.go.jp/rnavi/

遊具の安全に関する規準 JPFA-SP - S:2014　日本公園施設業協会　2014-06
国土交通省 「都市公園における遊具の安全確保に関する指針」について（平成 26 年 7 月 11 日） https://www.mlit.go.jp/report/press/city10_hh_000168.html
国土交通省：都市緑地法等の一部を改正する法律が施行されました「都市緑地法改正のポイント」 https://

www.mlit.go.jp/toshi/park/toshi_parkgreen_tk_000073.html
名古屋市　緑政土木局の積算基準・設計単価・標準仕様書・構造図・各種管理基準　http://www.city.nagoya.jp/ryokuseidoboku/page/0000045474.html
大阪市　公園工事標準図面集（平成 13 年 11 月）　https://www.city.osaka.lg.jp/kensetsu/page/0000146164.htm

野水信『Stone works 1958-1978 Shin Nomizu』1978?
坪井勝人「彫刻家・野水信 : その人と作品について」1994-03　https://ci.nii.ac.jp/naid/110000383167
『野水信作品集』名古屋造形芸術短期大学創立 30 周年記念事業名古屋造形同窓会　1997-04
『30 年の歩み : 名鉄百貨店開店 30 周年記念社史』名鉄百貨店社史編さん室 1985-05
峰孝至「玩具における芸術性」『窓口』第 14 号　愛知県文化会館　1956-8-25
『東山動植物園』名古屋市　刊行年不明
『創立 20 周年　柳のあゆみ』名古屋市立柳小学校　1966-11
『千種図書館 20 年のあゆみ』名古屋市千種図書館編　1989-11
『あ遊美　創立 100 周年記念誌』名古屋市立第三幼稚園　2015-11
名古屋市立第三幼稚園　プレイスカラプチュア　http://www.dai3-k.nagoya-c.ed.jp/shokai/item/sculpture.html

『回顧七十年』小野田セメント株式会社創立七十年史編纂委員会編　1952-12
田中修二「セメント彫刻の戦前・戦中・戦後」『屋外彫刻調査保存研究会会報　第 2 号』屋外彫刻調査保存研究会　2001-08
田中修二編『近代日本彫刻集成　第 3 巻　昭和前期編』国書刊行会　2013-05
田中修二『近代日本彫刻史』国書刊行会　2018-02
市川寛也「彫刻の場としての公園に関する一考察　―1950 年代から 60 年代にかけての都市公園・児童公園の事例から」美術教育学研究 48 巻 1 号 p.73-80 2016 年　https://www.jstage.jst.go.jp/article/uaesj/48/1/48_73/_article/-char/ja/
坂口英伸「小野田セメント株式会社の芸術支援活動に関する考察：買上寄贈、受託制作、児童造形教育の観点から」『文化資源学』第 17 号　文化資源学会　2019-6
新見隆『20 世紀の総合芸術家 イサム・ノグチ : 彫刻から身体・庭へ』平凡社　2017-11

『建築文化』8（6）No.79：野外彫刻展　彰国社　1953-06
由良玲吉「こどものためのプレイ・スカルプチュアー」『美術手帖』（109）美術出版社　1956-05
山口勝弘「彫刻の場」『美術手帖』（143）　1958 年臨時増刊号　美術出版社　1958-06
『美術手帖』（通号 251 増刊）特集・おもちゃ　美術出版社　1965-04
杉道雄「デザイン創造・7　池原謙一郎氏と造園計画」『美術手帖』（273）美術出版社　1966-10

池原謙一郎『園をつくる』池原謙一郎先生の退官をお祝いする会実行委員会　1992-10
『愛知県立津島高等学校九十年の記録』愛知県立津島高等学校同窓会　1990-05　：p.151 校歌制定
『百年史』愛知県立津島高等学校同窓会　創立 100 周年記念誌編集委員会編　2000-05　：p.46 俳人校長
池原謙一郎「現代彫刻・戸外・大地・社会・現代造園」『都市公園 = Public parks』（5）　p8 ～ 9　東京都公園協会　1957-3
池原謙一郎「子供のコアへの提案　──東京都台東区　入谷町南公園の設計に参画して──」『都市公園 = Public parks』（18）　p18 ～ 19　東京都公園協会　1959-5
川本昭雄「『遊び場の研究会』から（その 4）」『都市公園 = Public parks』（18）　p28 ～ 29　東京都公園協会　1959-5
河原武敏「遊戯施設についての諸問題（2）」『都市公園 = Public parks』（20）　p2 ～ 10　東京都公園協会　1959-08
増山他計男「新らしく蘇った精華公園」『都市公園 = Public parks』（25）　p8 ～ 10　東京都公園協会　1960-08
「遊び場のデザイン 17 作品」『都市公園 = Public parks』（25）　p11 ～ p29　東京都公園協会　1960-08
館野茂夫「登り滑り台」『都市公園 = Public parks』（25）　p26　東京都公園協会　1960-08

高島博愛；宇野慎一「金竜公園の改造」『都市公園＝Public parks』（33）　p16～20　東京都公園協会　1963-06
樋渡達也「星墜つ　～池原謙一郎氏を偲ぶ～」『都市公園＝Public parks』（157）　p114～115　東京都公園協会　2002-07
小林治人「名誉会員池原謙一郎先生を偲ぶ」『ランドスケープ研究』66（1）　p66　社団法人日本造園学会　2002-08

「入谷町南公園　石ノ山設計図」みどりの図書館東京グリーンアーカイブス所蔵
「鉄砲洲公園遊戯施設設計図」クライミングスライダー　みどりの図書館東京グリーンアーカイブス所蔵
前野淳一郎・池原謙一郎・田畑貞寿・上野泰・斉藤一雄・新田伸三「課題の展開　われわれは何を為すべきか」造園雑誌24巻1号　p.11-21　1960-08　https://www.jstage.jst.go.jp/article/jila1934/24/1/24_1_11/_article/-char/ja
池原謙一郎「そのをつくる　設計の視点からながめる」造園雑誌47巻4号　p.247-252　1983-03　https://www.jstage.jst.go.jp/article/jila1934/47/4/47_4_247/_article/-char/ja
加藤一男「児童公園は利用されているか」『建設月報』16（5）　p37～42　建設広報協議会　1963-05
加藤一男「こどもの遊びと遊び場の実態」『新都市』17（6）　p18～26　都市計画協会　1963-06
北村信正「東京都の児童公園」『新都市』17（9）　p25～28　都市計画協会　1963-09
『公園緑地＝Parks and open space』第24巻第3、4号　日本公園緑地協会　1964-03
佐藤昌「子供の遊場の歴史」『公園緑地＝Parks and open space』第40巻第1号　p11～21　日本公園緑地協会　1979-06
月森洋司「愛知県における国際児童年と児童公園」『公園緑地＝Parks and open space』第40巻第1号　p37～49　日本公園緑地協会　1979-06

『国際建築＝The International review of architecture』23（6）　1956-06
工業技術院産業工芸試験所編『工芸ニュース』Vol.24 No.6　：ベンチ2題　プレイスカルプチュアの勝利　プレイスカルプチュア・アメリカ版2題　丸善　1956-07
志田達三「プレイスカルプチャーについての考察」『教育美術』20（1）　p28～29　教育美術振興会　1959-01
田巻博道「プレイスカルプチュア」『子供部屋』（建築写真文庫 第106）　p40　彰国社　1959-12
「下町っ子の広場入谷町南公園」『青少年問題』7（7）　p54～60　青少年問題研究会　1960-07
「特集子どもの遊び場」『月刊福祉』48（7）　p20～27　全国社会福祉協議会　1965-07
木村鉄雄「手作りプレイスカルプチュア」『レクリエーション』（84）　p50～53　日本レクリエーション協会　1967-10
『こどものあそびば　計画・設計のすべて』児童施設研究会　1964-06
『児童公園施設設計資料集』児童施設研究会　1964-11

「たのしい公園遊具 大特集」『ワンダーJAPAN16号』三才ブックス　2010-06
あさみん『コンクリート動物百景』八角文化会館　2014-12
木藤富士夫『公園遊具 vol.6』2018-04
木藤富士夫『公園遊具 vol.7』2018-12
木藤富士夫『公園遊具 vol.8』2019-06
前田環境美術株式会社　タコの山のすべり台　http://www.e-maeda.co.jp/story/001.html
管理人：酉　滑り台保存館　http://www1.raidway.ne.jp/~iharay/suberidai/index.html
管理人：D-one　滑り台記録　http://doneslide.fc2web.com/index.html
管理人：えま　日本1000公園　https://nippon1000parks.blogspot.com/
管理人：passerby　公園遊具：石の山はイカにしてタコとなりしか（2010年9月14日）　http://tokyopasserby.blogspot.com/2010/09/blog-post_9144.html
福岡市博多区「博多区の遊具の魅力を伝える冊子『博多の遊具』を制作しました！」　http://www.city.fukuoka.lg.jp/hakataku/ijikanri/charm/hakatanoyuugu.html
内田工業株式会社　WEBカタログ　http://www.uil.co.jp/webcatalog/index.html

アービッド・ベンソン ; 北原理雄訳『遊び場のデザイン』鹿島出版会　1974-05
日本建築学会『建築設計資料集成 5』丸善　1972-06
佐藤昌『日本公園緑地発達史　下巻』都市計画研究所 1977-01
『日本の都市公園』日本公園緑地協会　1978-06
造園修景大事典編集委員会 編『造園修景大事典』同朋舎出版　1985-11
八田準一 編著『最新造園大百科事典』農業図書　1984-03
「日本の都市公園」出版委員会 編著、坂本新太郎 監修『日本の都市公園　その整備の歴史』 2005-07
『東京の緑をつくった偉人たち　明治草創期から昭和東京緑地計画まで』東京都公園協会　2012-07
「ランドスケープ現代史：戦後復興の創造力」『ランドスケープ研究』76（2） 2012-07
粟野隆『近代造園史』建築資料研究社　2018-08

『日本住宅公団 10 年史』日本住宅公団　1965-7
『日本住宅公団年報』年刊　日本住宅公団
『住宅団地造園施設設計資料集』日本住宅公団
『造園工事共通詳細図集』日本住宅公団　1964-11　1966 改訂
『造園施設標準設計図集　第一版』日本住宅公団
住宅団地施設資料集刊行委員会 編『住宅団地施設資料集』 日本住宅協会　1962-2

※インターネット情報は 2020.10.05 現在

〈インタビュー〉

「田中修二教授にきく」
　大分大学　田中修二教授　2018 年 9 月インタビュー

「富士山すべり台の未来をつなぐ」
　名古屋市役所　安藤有雄さん　2018 年 9 月インタビュー

「富士山すべり台を取りまく人たち」
　名古屋市役所　横地 修さん　　2018 年 5 月インタビュー
　内田工業　小笠原弘人さん、小久保裕生さん　　2018 年 5 月インタビュー
　内田工業　堀田盛夫さん　　2018 年 6 月インタビュー
　名古屋植木　堀田和裕さん　　2018 年 6 月インタビュー
　七番組　都築純二さん　　2018 年 7 月インタビュー

［著者略歴］

牛田 吉幸（うしだ・よしゆき）

1970年　愛知県津島市生まれ。

「発見！名古屋の富士山すべり台」名古屋市鶴舞中央図書館（2016）展示と講演。「アイチアートクロニクル 1919-2019」愛知県美術館（2019）～ウォーキング企画「プレイスカルプチャーをめぐる」案内役、記念座談会「路上のアートクロニクル」。大ナゴヤツアーズ・やっとかめ文化祭「富士山すべり台ツアー」案内役など、身近な遊具の歴史を掘り起こす活動を行っている。

［編者略歴］

大竹 敏之（おおたけ・としゆき）

名古屋在住のフリーライター。『名古屋の喫茶店』『名古屋の酒場』（ともにリベラル社）など名古屋の文化、食に関する著作多数。コンクリート造形師・浅野祥雲の日本唯一の研究家を自任し、作品の修復活動を主宰。研究の集大成『コンクリート魂　浅野祥雲大全』（青月社）も出版する。Yahoo! ニュースに「大竹敏之のでら名古屋通信」配信中。

装幀／三矢千穂

名古屋の富士山すべり台

2021年2月25日　第1刷発行　　（定価はカバーに表示してあります）

著　者　　牛田　吉幸
編　者　　大竹　敏之
発行者　　山口　章

発行所　名古屋市中区大須1丁目16番29号
電話 052-218-7808　FAX052-218-7709
http://www.fubaisha.com/
風媒社《ふうばいしゃ》

乱丁・落丁本はお取り替えいたします。　＊印刷・製本／シナノパブリッシングプレス
ISBN978-4-8331-1562-9